MW01639779

LETRAS de TANGO
Contiene glosario con terminología lunfarda
Andrómeda

A861 LET

Letras de tango/
Compilado por Carlos Alberto Cosentino.- 1ª ed. - Buenos Aires
Andrómeda, 2003.
192 p.; 20 x 13 cm.
ISBN N°: 950-722-058-5
I. Cosentino, Carlos Alberto - 1. Poesía 2. Tango

Ediciones Andrómeda
www.edicionesandromeda.com
info@edicionesandromeda.com

ISBN 950-722-058-5
Ilustración y diseño de tapa: *Alfredo Genovese*

Se ha hecho el depósito de Ley 11 723
Impreso en la Argentina – Printed in Argentina

Indice

Prólogo

El tango apareció a fines del siglo XIX, en los suburbios de la ciudad de Buenos Aires, cuando la inmigración y el progreso la convertían en una inmensa urbe. Al principio, las canciones eran solamente instrumentales, ejecutadas por tríos de guitarra, violín y flauta, y las parejas bailaban enlazadas. Luego, se incorporó el bandoneón, un instrumento procedente de Alemania que le dio al tango el sonido peculiar por el cual hoy es reconocido en todo el mundo.

En sus primeros años de vida, el tango fue ejecutado y bailado en prostíbulos, por lo cual, sus primeras letras han sido de un *tono picaresco*. Esto fue lo que predominó hasta la segunda década del siglo XX, cuando Pascual Contursi escribió *Mi noche triste* y nació así lo que después sería llamado el «tango canción».

Entre los misterios que rodea a esta cultura musical, el primero es el del origen de su nombre. Esta voz se encuentra en las culturas africana, hispánica y colonial. Se afirma que «tango» derivaría de *tang*, que en una de las lenguas del continente negro. Significa *palpar*, *tocar* y *acercarse*. El posible origen hispánico de la palabra se acerca a la africana *tang*. "Tango", en castellano, es considerada una voz derivada de *tangir*, que en español antiguo equivale a «tañer», y de *tangere*, es decir, *tocar* (en latín). En la colonia, a su vez, *tango* era la denominación que los negros les daban a sus parches de percusión. Ellos la pronunciaban como palabra aguda: *tangó*. Y ese era también el nombre de los bailes que organizaban los esclavos africanos traídos al Río de la Plata.

El lenguaje popular es el que se usó en las primeras letras de corte orillero. Se trataba de un lenguaje con particular inventiva; siempre gráfico, exacto en la alusión; metafórico y onomatopéyico, siempre inclemente en la ironía.

Uno de los principales objetivos del lunfardo fue disimular las intenciones de quienes lo practican: ha sido la forma de comunicación de los delincuentes, sobre todo de los ladrones y proxenetas. En realidad, lo correcto es hablar de *letras lunfardescas*, escritas por autores que conocen bien el lenguaje y el ambiente, sin pertenecer a él.

Una característica de este argot es la sustitución de sustantivos, verbos, adjetivos e interjecciones castellanas por términos provenientes de la germanía, del caló, del italiano y sus dialectos, del francés, del portugués, del inglés, de las lenguas indígenas y hasta de palabras hispánicas a las que se les da un sentido totalmente distinto del original.

Otro elemento es la pronunciación de las palabras cambiando el orden de las sílabas: «tango» es *gotán*, «bacán» es *camba*, y así sucesivamente.

¡Ése es el tango, canción de Buenos Aires,
nacido en el suburbio, que hoy reina en todo el mundo!

N.E.: Durante la lectura de este libro, usted podrá apreciar que, en el *idioma tanguero*, resulta/ba muy normal que a algunas palabras se le sacara la última consonante a la última sílaba (en especial la «d»). Por ello encontrará palabras como: *abrazao*, en vez de «abrazado»; *lao* en vez de «lado»; *pelao*, en vez de «pelado» (calvo), entre tantas otras.

Adiós, muchachos

tango

Adiós muchachos, compañeros de mi vida,
barra querida de aquellos tiempos;
me toca a mí hoy emprender la retirada,
debo alejarme de mi buena muchachada...
Adiós muchachos, ya me voy y me resigno;
contra el Destino nadie la talla...
Se terminaron para mí todas las farras,
mi cuerpo enfermo no resiste más.

Acuden a mi mente
recuerdos de otros tiempos,
de los bellos momentos
que antaño disfruté
cerquita de mi madre,
santa viejita,
y de mi noviecita
que tanto idolatré.
¿Se acuerdan, que era hermosa,
más bella que una diosa,
y que ebrio yo de amor
le di mi corazón?
¡Mas el Señor, celoso
de sus encantos,
hundiéndome en el llanto
se la llevó!

Es Dios el juez supremo,
no hay quien se le resista;
ya estoy acostumbrado
su Ley a respetar,
pues mi vida deshizo
con sus mandatos,
llevándose a mi madre
y a mi novia también...
Dos lágrimas sinceras
derramo en mi partida
por la barra querida
que nunca me olvidó;
y al darle a mis amigos
mi adiós postrero,
les doy con toda mi alma
mi bendición.

Letra de César Felipe Vedani
Música de Julio César Alberto Sanders

Adiós, Pampa mía

tango

Adiós, Pampa mía;
me voy... Me voy a tierras extrañas...
Adiós, caminos que he recorrido,
ríos, montes y cañadas,
tapera donde he nacido...

Si no volvemos a vernos,
tierra querida,
quiero que sepas
que al irme dejo la vida.
¡Adiós...!
Al dejarte, Pampa mía,
ojos y alma se me llenan
con el verde de tus pastos
y el temblor de las estrellas,
con el canto de tus vientos
y el sollozar de vihuelas
que me alegraron a veces
y otras me hicieron llorar.
Adiós, Pampa mía;
me voy camino de la Esperanza...
Adiós, llanuras que he galopado,
sendas, lomas y quebradas,
lugares donde he soñado...
Yo he de volver a tu suelo
cuando presienta
que mi alma escapa
como paloma hasta el cielo.
¡Adiós...!
Me voy, Pampa mía...
¡Adiós...!

Letra de Ivo Pelay
Música de Francisco Canaro y Mariano Mores

Afiches

tango

Cruel en el cartel,
la propaganda manda cruel en el cartel...
Y en el fetiche de un afiche de papel
se vende una ilusión,
se rifa el corazón...
Y apareces tú,
vendiendo el último jirón de juventud,
cargándome otra vez la cruz...
Cruel en el cartel te ríes, corazón...
¡Dan ganas de balearse en un rincón!

Ya da la noche a la cancel
su piel de ojera;
ya moja el aire su pincel
y hace con él la Primavera...
Pero ¿qué...?
¡Si están tus cosas, pero tú no estás!
Porque eres algo para todos ya,
como un desnudo de vidriera...
Luché a tu lado para ti,
¡por Dios!, y te perdí...

Yo te di un hogar...
Siempre fui pobre, pero yo te di un hogar...
Se me gastaron las sonrisas de luchar,
luchando para ti,

sangrando para ti...
Luego, la verdad,
que es restregarse con arena el paladar
y ahogarse sin poder gritar.
Yo te di un hogar... Fue culpa del amor...
¡Dan ganas de balearse en un rincón!

Letra de Homero Expósito
Música de Atilio Stampone

Al mundo le falta un tornillo

tango

Todo el mundo está en la estufa,
triste, amargao, sin garufa,
neurasténico y cortao.
Se acabaron los robustos,
si hasta yo, que daba gusto,
cuatro kilos he bajao.
Hoy no hay guita ni de asalto
y el puchero está tan alto
que hay que usar el trampolín.
¡Si habrá crisis, bronca y hambre,
que el que compra diez de fiambre
hoy se morfa hasta el piolín!
Hoy se vive de prepo
y se duerme apurao,
y la chiva hasta a Cristo

se la han afeitao.
Hoy se llega a empeñar
al amigo más fiel;
nadie invita a morfar,
todo el mundo en el riel...

Al mundo le falta un tornillo...
¡Que venga un mecánico,
pa' ver si lo puede arreglar!

¿Qué sucede, mama mía,
se cayó la estantería
o San Pedro abrió el portón?
La Creación anda a las piñas
y de puro arrebatiña
apoliya sin colchón.
El ladrón es hoy decente
y a la fuerza se ha hecho gente,
ya no tiene a quien robar;
y el honrao se ha vuelto chorro,
porque en su fiebre de ahorro
él se afana por guardar.

Letra de Enrique Cadícamo
Música de José María Aguilar

A media luz

tango

Corrientes tres cuatro ocho,
segundo piso, ascensor...
No hay porteros ni vecinos;
adentro, cóctel y amor...
Pisito que puso Mapple,
piano estera y velador,
un telefón que contesta,
una vitrola que llora
viejos tangos de mi flor,
y un gato de porcelana
pa' que no maúlle al amor.

Y todo a media luz...
¡Qué brujo es el amor!
A media luz los besos,
a media luz los dos...
Y todo a media luz,
crepúsculo interior...
¡Qué suave terciopelo,
la media luz de amor...!

Juncal doce veinticuatro,
telefoneá sin temor...
De tarde, té con masitas;
de noche, tango y champán.
Los domingos, té danzante;

los lunes, desolación...
Hay de todo en la casita:
almohadones y divanes;
como en botica, cocó;
alfombras que no hacen ruido
y mesa puesta al amor...

Letra de Carlos César Lenzi
Música de Edgardo Donato[1]

Amurado

tango

Campaneo a mi catrera y la encuentro desolada;
sólo tengo de recuerdo el cuadrito que está ahí,
pilchas viejas, unas flores y mi alma atormentada...
¡eso es todo lo que queda desde que se fue de aquí!
Una tarde más tristona que la pena que me aqueja
arregló su bagayito y amurado me dejó...
No le dije una palabra, ni un reproche, ni una queja;
la miré que se alejaba y pensé: "¡Todo acabó...!".

¡Si me viera, estoy tan viejo...!
¡Tengo blanca la cabeza...!
¿Será acaso la tristeza
de mi negra soledad...?
¿O será porque me cruzan
tan fuleros berretines,

que voy por los cafetines
a buscar felicidad...?

Bulincito, que conoces mis amargas desventuras,
no te extrañes que hable solo, que es tan grande mi dolor...
Si me faltan sus caricias, sus consuelos, sus ternuras,
¿qué me queda ya a mis años, si mi vida está en su amor?
¡Cuántas noches voy vagando angustiado, silencioso,
recordando mi pasado, con mi amiga la ilusión...!
Voy en curda; no lo niego que será muy vergonzoso,
pero llevo más en curda a mi pobre corazón...

Letra de José Pedro De Grandis
Música de Pedro Mario Maffia y Pedro Láurenz

Anclao en París

tango

Tirao por la vida de errante bohemio
estoy, Buenos Aires, anclao en París.
Curtido de males, bandeado de apremios,
te evoco desde este lejano país.
Contemplo la nieve que cae blandamente
desde mi ventana que da al bulevar.
Las luces rojizas, con tonos murientes,

parecen pupilas de extraño mirar...

¡Lejano Buenos Aires,
qué lindo que has de estar...!
Ya van para diez años
que me viste zarpar.
Aquí, en este Montmartre,
faubourg sentimental,
yo siento que el recuerdo
me clava su puñal...

¡Cómo habrá cambiado tu calle Corrientes,
Suipacha, Esmeralda, tu mismo arrabal...!
Alguien me ha contado que está floreciente
y un juego de calles se da en diagonal...
¡No sabés las ganas que tengo de verte!
Aquí estoy parado, sin plata y sin fe...
¡Quién sabe, una noche me encane la Muerte
y chau, Buenos Aires, no te vuelvo a ver...!

Letra de Enrique Cadícamo
Música de Guillermo Barbieri

Aquel tapado de armiño

tango

Aquel tapado de armiño
todo forrado en *lamé*

que tu cuerpito abrigaba
al salir del cabaret...
Cuando pasaste a mi lado
prendida a aquel gigoló,
aquel tapado de armiño
¡cuántas penas me causó...!
¿Te acordás? Era el momento
culminante del cariño;
me encontraba yo sin vento,
vos amabas el armiño...
¡Cuántas veces tiritando
los dos junto, a la vidriera,
me decías suspirando:
—¡Ay, mi amor, si vos pudieras...!
Y yo, con mil sacrificios,
te lo pude al fin comprar:
mangué amigos, vi usureros
y estuve un mes sin fumar...

Aquel tapado de armiño
todo forrado en *lamé*
que tu cuerpito abrigaba
al salir del cabaret...
Me resultó, al fin y al cabo,
más durable que tu amor:
¡el tapao lo estoy pagando,
y tu amor... ya se acabó!

Letra de Manuel Romero
Música de Enrique Pedro Delfino

Arrabal amargo

tango

¡Arrabal amargo, metido en mi vida
como la condena de una maldición...!
Tus sombras torturan mis horas de sueño,
tu noche se encierra en mi corazón...
Con ella a mi lado no vi tus tristezas,
tu barro y miseria... ¡Ella era mi luz!
Y ahora, vencido, arrastro mi alma
clavado a tus calles igual que una cruz...

¡Rinconcito arrabalero,
con el toldo de estrellas
de tu patio que quiero...!
Todo, todo se ilumina
cuando ella vuelve a verme;
y mis viejas madreselvas
están en flor para quererte...
Como un recuerdo que pasa,
mis ensueños se van...
¡Se van, no vuelven más!

A nadie le digas que ya no me quieres.
Si a mí me preguntan, diré que vendrás.
Y así, cuando vuelvas, mi almita, te juro,
los ojos extraños no se asombrarán.
Verás como todo te esperaba ansioso:
mi blanca casita y el lindo rosal,

y como de nuevo alivia sus penas,
vestido de fiesta, mi lindo arrabal...

Letra de Alfredo Le Pera
Música de Carlos Gardel

Atenti, pebeta

tango

Cuando estés en la vereda y te fiche un bacanazo,
vos hacete la chitrula y no te le deschavés;
que no manye que estás lista al primer tiro de lazo
y que por un par de leones bien planchados te perdés.
Cuando vengas para el Centro caminá mirando al suelo,
arrastrando los fanguyos y mirando a la pared,
como si ya no tuvieras ilusiones ni consuelo;
pues si no, dicen los giles que te han echao a perder.

Si ves unos «guantes patito», rajales;
a un par de polainas, rajales también...
A esos sobretodos con catorce ojales
no les des bolilla, porque te perdés...
A esos bigotitos de catorce líneas,
que en vez de bigote son un espinel...
¡Atenti, pebeta, seguí mi consejo;
yo soy zorro viejo y te quiero bien!

Bajate la pollera por donde nace el tobillo,
dejate crecer el pelo y un buen rodete lucí,
comprate un corsé de fierro con remaches y tornillos
y dale el olivo al polvo, a la crema y al carmín.
Tomá leche con vainillas o chocolate con churros
aunque estés en el momento propiamente del
vermú;
después comprate un bufoso, y cachando al primer
burro
por amores contrariados le hacés perder la salud.

Letra de Celedonio Flores
Música de Ángel Ciríaco Ortiz

Balada para un loco

tango

(Recitado)
Las tardecitas de Buenos Aires tienen ese "qué sé yo", ¿viste?
Salís de tu casa, por Arenales; lo de siempre, en la calle
y en vos...
Cuando de repente, de atrás de un árbol, me aparezco yo...
Mezcla rara de penúltimo linyera y de primer polizón
en el viaje a Venus:
medio melón en la cabeza, las rayas de la camisa pinta-
das en la piel,
dos medias suelas clavadas en los pies
y una banderita de taxi libre levantada en cada mano.

¡Te reís...! Pero sólo vos me ves, porque los maniquíes me guiñan,
los semáforos me dan tres luces celestes
y las naranjas del frutero de la esquina me tiran azahares...
¡Vení...! Que así —medio bailando y medio volando—
me saco el melón para saludarte, te regalo una banderita y te digo:

Ya sé que estoy piantao, piantao, piantao...
¿No ves que va la luna rodando por Callao,
que un coro de astronautas y niños, con un vals,
me baila alrededor? ¡Bailá, vení! ¡Volá!
Yo sé que estoy piantao, piantao, piantao...
Yo miro a Buenos Aires del nido de un gorrión,
y a vos te vi tan triste... ¡Vení, volá! ¡Sentí!
¡Loco, loco, loco...!
Cuando anochezca en tu porteña soledad,
por la ribera de tu sábana vendré
con un poema y un trombón
a desvelarte el corazón.
¡Loco, loco, loco...!
Como un acróbata demente saltaré
sobre el abismo de tu escote, hasta sentir
que enloquecí tu corazón de libertad.
¡Ya vas a ver!

(Recitado)
Salgamos a volar, querida mía;
subite a mi ilusión supersport
y vamos a correr por las cornisas
con una golondrina en el motor.

De Vieytes nos aplauden: —¡Viva, viva...!
los locos que inventaron el Amor,
y un ángel y un soldado y una niña
nos dan un valsecito bailador...
Nos sale a saludar la gente linda;
y loco —pero tuyo, ¡qué se yo!—
provoco campanarios con la risa
y al fin te miro y canto a media voz:

Queréme así, piantao, piantao, piantao...
Abrite los amores, que vamos a intentar
la mágica locura total de revivir...
¡Vení, volá! ¡Vení! ¡Tralalalarará...!

¡Viva, viva, viva...!
¡Loca ella y loco yo...!
¡Locos, locos, locos...!
¡Loca ella y loco yo...!

Letra de Horacio Ferrer
Música de Ástor Piazzolla

Bandoneón arrabalero

tango

¡Bandoneón arrabalero,
viejo fueye desinflado...!
Te encontré como a un pebete

que su madre abandonó
en la puerta de un convento
sin revoque en las paredes,
a la luz de un farolito
que de noche te alumbró.

Bandoneón,
porque ves que estoy triste
y cantar ya no puedo,
vos sabés
que yo llevo en el alma
marcado un dolor.

Te llevé para mi pieza,
te acuné en mi pecho frío...
Yo también abandonado
me encontraba en el bulín...
Has querido consolarme
con tu voz enronquecida,
y tu nota dolorida
aumentó mi berretín.

Letra de Pascual Contursi
Música de Juan Bautista Deambrogio[2]

Barrio de tango

tango

Un pedazo de barrio, allá en Pompeya,
durmiéndose al costado del terraplén;
un farol balanceando en la barrera
y el misterio de adiós que deja el tren...
Un ladrido de perros a la luna,
el amor escondido en un portón
y los sapos redoblando en la laguna
y a lo lejos, la voz del bandoneón...

Barrio de tango, luna y misterio;
calles lejanas, ¿dónde andarán?
Viejos amigos que hoy ni recuerdo,
¿qué se habrán hecho, dónde estarán?
Barrio de tango, ¿qué fue de aquella
Juana, la rubia que tanto amé?
¿Sabrá que sufro pensando en ella
desde la tarde que la dejé?
¡Barrio de tango, luna y misterio,
desde el recuerdo te vuelvo a ver!

Un coro de silbidos, allá en la esquina,
y el codillo llenando el almacén;
y el dolor de la pálida vecina
que ya nunca salió a mirar el tren...
Así evoco tus noches, barrio tango,
con las chatas entrando al corralón,

y la luna chapaleando sobre el fango
y a lo lejos, la voz del bandoneón...

Letra de Homero Manzi
Música de Aníbal Troilo

Barrio pobre

tango

En este barrio, que es reliquia del pasado;
en esta calle, tan humilde como ayer;
detrás de aquella ventanita que han cerrado;
la clavelina perfumada de un querer...
Aquellas fiestas que en sus patios celebraban
algún suceso venturoso del lugar,
con la guitarra entre la rueda me contaban
y en versos tiernos entonaba mi cantar...

Barrio
de mis sueños más ardientes,
pobre
cual las ropas de tus gentes...
Para mí
guardabas toda la riqueza,
y lloviznaba la tristeza
cuando te di mi último adiós...

Barrio,
barrio pobre, estoy contigo;
vuelvo
a cantarte, viejo amigo...
Perdoná
los desencantos de mi canto,
pues desde entonces lloré tanto
que se ha quebrado ya mi voz...
Por esta calle iba en las pálidas auroras
con paso firme a la jornada de labor.
Cordial y simple era la ronda de mis horas,
amor de madre, amor de novia, siempre amor...
Por esta calle en una noche huraña y fría
salí del mundo bueno y puro del ayer;
doblé la esquina sin pensar lo que perdía,
me fui sin rumbo para nunca más volver...

Letra de Francisco García Jiménez
Música de Vicente Belvedere

Café de los Angelitos

tango

Yo te evoco, perdido en la vida
y enredado en los hilos del humo,
frente a un grato recuerdo que fumo

y a esta negra porción de café...
Rivadavia y Rincón, vieja esquina
de la antigua amistad que regresa
coqueteando su gris, en la mesa
que está
meditando en sus noches de ayer.

¡Café de los Angelitos!
Bar de Gabino y Cazón...
Yo te alegré con mis gritos
en los tiempos de Carlitos,
por Rivadavia y Rincón.
¿Tras de qué sueños volaron?
¿En qué estrellas andarán?
Las voces que ayer llegaron
y pasaron y callaron,
¿dónde están?
¿Por qué calles volverán?

Cuando llueven las noches su frío,
vuelvo al mismo lugar del pasado
y de nuevo se sienta a mi lado
Betinotti, templando su voz...
Y en el dulce rincón que era mío,
su cansancio la vida bosteza
¿Por qué nadie me llama a la mesa
de ayer?
¿Por qué todo es ausencia y adiós?

Letra y música de Cátulo Castillo y José Francisco Razzano

Café La Humedad

tango

Humedad... Llovizna y frío...
Mi aliento empaña el vidrio azul del viejo bar...
No me pregunten si hace mucho que la espero;
un café que ya está frío y hace varios ceniceros...
Aunque sé que nunca llega,
siempre que llueve voy corriendo hasta el café
y sólo cuento con la compañía de un gato,
que al cordón de mi zapato lo destroza con placer.

Café La Humedad, billar y reunión;
sábado con trampas, ¡qué linda función!
Yo solamente necesito agradecerte
la enseñanza de tus noches
que me alejan de la muerte...
Café La Humedad, billar y reunión;
dominó con trampas, ¡qué linda función!
Yo simplemente te agradezco las poesías
que la escuela de tus noches
le enseñaron a mis días...

Soledad de soltería...
Son treinta abriles ya cansados de soñar...
Por eso vuelvo hasta la esquina del boliche
a buscar la barra eterna de Gaona y Boyacá.
Ya son pocos los que quedan...
¡Vamos, muchachos, esta noche a recordar

una por una las hazañas de otros tiempos
y el recuerdo del boliche que llamamos La Humedad!

Letra y música de Cacho Castaña

Cafetín de Buenos Aires

tango

De chiquilín te miraba de afuera
como a esas cosas que nunca se alcanzan...
La ñata contra el vidrio
en un azul de frío,
que solo fue después viviendo
igual al mío...
Como una escuela de todas las cosas,
ya de muchacho me diste entre asombros
el cigarrillo,
la fe en mis sueños
y una esperanza de amor...

¿Cómo olvidarte en esta queja,
cafetín de Buenos Aires,
si sos lo único en la vida
que se pareció a mi vieja?
En tu mezcla milagrosa
de sabihondos y suicidas,
yo aprendí filosofía, dados, timba

y la poesía cruel
de no pensar más en mí...

Me diste en oro un puñado de amigos,
que son los mismos que alientan mis horas:
José, el de la quimera;
Marcial, que aún cree y espera;
y el flaco Abel, que se nos fue,
pero aún me guía...

Sobre tus mesas que nunca preguntan
lloré una tarde el primer desengaño;
nací a las penas,
bebí mis años
y me entregué sin luchar...

Letra de Enrique Santos Discépolo
Música de Mariano Mores

Cambalache

tango

Que el mundo fue y será
una porquería, ya lo sé.
En el quinientos seis
y en el dos mil, también.
Que siempre ha habido chorros,
maquiavelos y estafaos,

contentos y amargaos,
varones y *dublés*.
Pero que el siglo veinte
es un despliegue
de maldá insolente,
ya no hay quien lo niegue.
Vivimos revolcaos en un merengue
y en el mismo lodo
todos manoseaos.

Hoy resulta que es lo mismo
ser derecho que traidor,
ignorante, sabio, chorro,
generoso o estafador...
¡Todo es igual!
¡Nada es mejor!
Lo mismo un burro
que un gran profesor.
No hay aplazaos ni escalafón,
los ignorantes nos han igualao.
Si uno vive en la impostura
y otro roba en su ambición,
da lo mismo que sea cura,
colchonero, Rey de Bastos,
caradura o polizón.

¡Que falta de respeto,
qué atropello a la razón!
Cualquiera es un señor,
cualquiera es un ladrón...
Mezclao con Stavisky

va Don Bosco y La Mignon,
Don Chicho y Napoleón,
Carnera y San Martín...
Igual que en la vidriera
irrespetuosa
de los cambalaches
se ha mezclao la vida,
y herida por un sable sin remache
ves llorar la *Biblia*
junto a un calefón.

Siglo veinte, cambalache
problemático y febril...
El que no llora no mama
y el que no afana es un gil.
¡Dale, nomás...!
¡Dale, que va...!
¡Que allá en el Horno
nos vamo' a encontrar...!
No pienses más; sentate a un lao,
que a nadie importa si naciste honrao...
Es lo mismo el que labura
noche y día como un buey,
que el que vive de los otros,
que el que mata, que el que cura,
o está fuera de la ley...

Letra y música de Enrique Santos Discépolo

Caminito

tango

Caminito que el tiempo ha borrado,
que juntos un día nos viste pasar,
he venido por última vez,
he venido a contarte mi mal...
Caminito que entonces estabas
bordeado de trébol y juncos en flor,
una sombra ya pronto serás,
una sombra lo mismo que yo...

Desde que se fue
triste vivo yo;
caminito amigo,
yo también me voy...
Desde que se fue
nunca más volvió;
seguiré sus pasos...
¡Caminito, adiós...!

Caminito que todas las tardes
feliz recorría cantando mi amor,
no le digas si vuelve a pasar
que mi llanto tu suelo regó.
Caminito cubierto de cardos,
la mano del tiempo tu huella borró;

yo a tu lado quisiera caer
y que el tiempo nos mate a los dos.

Letra de Gabino Coria Peñaloza
Música de Juan de Dios Filiberto

Che, bandoneón

tango

El duende de tu son, che, bandoneón,
se apiada del dolor de los demás;
y al estrujar tu fueye dormilón
se arrima al corazón que sufre más.
Esthercita y Mimí, como Ninón,
dejando sus destinos de percal,
vistieron, al final, mortajas de rayón
al eco funeral de tu canción.

Bandoneón,
hoy es noche de fandango
y puedo confesarte la verdad
copa a copa, pena a pena, tango a tango,
embalado en la locura
del alcohol y la amargura.
Bandoneón,
¿para qué nombrarla tanto?
¿No ves que está de olvido el corazón
y ella vuelve noche a noche como un canto

en las notas de tu llanto,
che, bandoneón...?

Tu canto es el amor que no se dio,
y el cielo que soñamos una vez,
y el fraternal amigo que se hundió
cinchando en la tormenta de un querer,
y esas ganas tremendas de llorar
que a veces nos inunda sin razón,
y el trago de licor que obliga a recordar
que el alma está en orsái,
che, bandoneón...

Letra de Homero Manzi
Música de Aníbal Troilo

Che, papusa, oí

tango

Muñeca, muñequita, que hablás con zeta
y que con gracia posta batís «*Mishé*».
que con tus aspavientos de pandereta
sos la milonguerita de más chiqué...
Trajeada de bacana bailás con corte
y por raro snobismo tomás *prissé*,
y que en un auto camba, de Sur a Norte,
paseás como una dama de gran cachet...

¡Che, papusa, oí
los acordes melodiosos
que modula el bandoneón!
¡Che, papusa, oí
los latidos angustiosos
de mi pobre corazón!
¡Che, papusa, oí
cómo surgen de este tango
los pasajes del ayer!
Si en el lujo del ambiente
hoy te arrastra la corriente,
mañana te quiero ver...

Milonguerita linda, papusa y breva,
con ojos picarescos de *pepermint*;
de charla afrancesada, pinta maleva
y boca pecadora color carmín...
Engrupen tus alhajas en la milonga
con regio faroleo brillanteril,
y al bailar esos tangos «de meta y ponga»
volvés otario al vivo, y al rana, gil...

Letra de Enrique Cadícamo
Música de Gerardo Hernán Matos Rodríguez

Chorra

tango

Por ser bueno me pusiste a la miseria,
me dejaste en la palmera, me afanaste hasta el color.
En seis meses me comiste el mercadito,
la casilla de la feria, la ganchera, el mostrador.
¡Chorra,
me robaste hasta el amor...!
Aura
tanto me asusta una mina,
que si en la calle me afila
me pongo al lao del botón...

Lo que más bronca me da
es haber sido tan gil...

Si hace un mes me desayuno
con lo que sabido ayer,
no era a mí que me cachaban
tus rebusques de mujer.
Hoy me entero que tu mama,
«noble viuda de un guerrero»,
es la chorra de más fama
que pisó la Treinta y Tres.
Y he sabido que el «guerrero»,
«que murió lleno de honor»,
ni murió ni fue guerrero
como me engrupiste vos:

está en cana prontuariado
como agente 'e la Camorra,
profesor de cachiporra,
malandrín y estafador...

Entre todos me pelaron con la cero,
tu silueta fue el anzuelo donde yo me fui a ensartar.
Se tragaron vos, la «viuda» y el «guerrero»,
lo que me costó diez años de paciencia y de yugar.
¡Chorros,
vos, tu vieja y tu papá...!
¡Guarda,
cuidensé, porque anda suelta;
si los cacha los da vuelta,
no les da tiempo a rajar!

Lo que más bronca me da
es haber sido tan gil...

Letra y música de Enrique Santos Discépolo

Como abrazao a un rencor

tango
«¡Está listo...!», sentenciaron las comadres;
y el varón, ya difunto en el presagio,
en el último momento de su pobre vida rea,
dejó al mundo el testamento de estas amargas palabras,
piantadas de su rencor...

Esta noche para siempre terminaron mis hazañas,
un chamuyo misterioso me acorrala el corazón.
Alguien chaira en los rincones el rigor de una guadaña
y anda un *algo* cerca 'el catre, olfateándome el cajón.
Los recuerdos más fuleros me destrozan la zabeca,
una infancia sin juguetes y un pasado sin honor,
el dolor de unas cadenas, que aún me queman las
/ muñecas,
y una mina que arrodilla mis arrestos de varón...
Yo quiero morir conmigo,
sin confesión y sin Dios.
Crucificao en mis penas,
como abrazao a un rencor...
Nada le debo a la vida,
nada le debo al amor;
aquélla me dio amarguras
y el amor, una traición.

Yo no quiero la comedia de las «lágrimas sinceras»,
ni palabras de consuelo, ni ando en busca de un perdón;
no pretendo sacramentos, ni palabras funebreras:
me le entrego mansamente, como me entregué al botón.

Sólo a usted, madre querida, si viviese le daría
el consuelo de encenderle cuatro velas a mi adiós,
de volcar todo su pecho sobre mi hereje agonía,
de llorar sobre mis manos y pedirme el corazón...

Letra de Antonio Miguel Podestá
Música de Rafael Rossi

Cristal

tango

¡Tengo el corazón hecho pedazos!
¡Rota mi emoción en este día!
Noches y más noches sin descanso,
y esta desazón del alma mía...
¡Cuántos, cuántos años han pasado;
grises mis cabellos y mi vida!
Loco, casi muerto, destrozado,
con mi espíritu amarrado
a nuestra juventud...

Más frágil que el cristal
fue mi amor junto a ti...
Cristal tu corazón,
tu mirar, tu reír...
Tus sueños y mi voz,
y nuestra timidez
temblando suavemente
en tu balcón...
Y ahora sólo sé
que todo se perdió
la tarde de mi ausencia.
Ya nunca volveré;
lo sé bien, nunca más...
¡Tal vez me esperarás
junto a Dios, más allá...!

¡Todo para mí se ha terminado!
¡Todo para mí se torna olvido!
Trágica enseñanza me dejaron
esas horas negras que he vivido...
¡Cuántos, cuántos años han pasado;
grises mis cabellos y mi vida!
Solo, siempre solo y olvidado,
con mi espíritu amarrado
a nuestra juventud...

Letra de José María Contursi
Música de Mariano Mores

Cuesta abajo

tango

Si arrastré por este mundo
la vergüenza de haber sido
y el dolor de ya no ser...
Bajo el ala del sombrero,
cuántas veces embozada
una lágrima asomada
yo no pude contener...
Si crucé por los caminos
como un paria que el Destino
se empeñó en deshacer...
Si fui flojo, si fui ciego,
sólo quiero que comprendan

el valor que representa
el coraje de querer.

Era
para mí la vida entera,
como un sol de primavera,
mi esperanza y mi pasión.
Sabía
que en el mundo no cabía
toda la humilde alegría
de mi pobre corazón.
Ahora,
cuesta abajo en mi rodada,
las ilusiones pasadas
yo no las puedo arrancar.

Sueño
con el pasado que añoro,
el tiempo viejo que lloro
y que nunca volverá.

Por seguir tras de su huella
yo bebí incansablemente
en mi copa de dolor,
pero nadie comprendía
que si todo yo lo daba
en cada vuelta dejaba
pedazos de corazón.
Ahora, triste en la pendiente,
solitario y ya vencido,
yo me quiero confesar.

¡Si aquella boca mentía
el amor que me ofrecía,
por aquellos ojos brujos
yo habría dado siempre más!

Letra de Alfredo Le Pera
Música de Carlos Gardel

Desencuentro

tango

Estás desorientao, y no sabés
que trole hay que tomar
para seguir,
y en éste desencuentro con la fe
querés cruzar el mar
y no podés.
La araña que salvaste te picó,
que vas a hacer,
y el hombre que ayudaste te hizo mal
dale nomás,
y todo el carnaval, gritando pisoteó
la mano fraternal, que Dios te dio.
¡Qué desencuentro!
Si hasta Dios está lejano,
llorás por dentro,
todo es cuento, todo es vil,
en un corso a contramano

un grupí trampeó a Jesús
no te fíes ni de tu hermano
se te cuelgan de la cruz.
Quisiste con ternura
y el amor te devoró
de atrás hasta el riñón,
se rieron de tu abrazo
y ahí nomás
te hundieron con rencor
todo el arpón.
Amargo desencuentro
porque ves que es al revés
creíste en la honradez
y en la moral, ¡qué estupidez!,
por eso en tu mortal
fracaso de vivir,
ni el tiro del final,
te va a salir...

Letra de Cátulo Castillo
Música de Aníbal Troilo

De todo te olvidas

tango

De un tiempo a esta parte, muchacha, te noto
más pálida y triste; decí, ¿qué tenés?
Tu carita tiene el blancor del loto

y yo, francamente, chiquita, no sé...
¿Qué pena te embarga, por qué ya no ríes
con ese derroche de plata y cristal...?
Tu boquita, donde sangraron rubíes,
hoy muestra una mueca trasuntando el mal.

El piano está mudo;
tus ágiles manos
no arrancan el tema
del tango tristón...
A veces te encuentro
un poco amargada,
llorando, encerrada
en tu habitación;
y he visto, extrañado,
que muy a menudo
de todo te olvidas,
cabeza de novia
nimbada de amor...

¿Qué es lo que te pasa? Cuéntame, te ruego
que me confidencies tu preocupación...
¿Acaso tu pena es la que Carriego,
rimando cuartetas, a todos contó?
¡De todo te olvidas, cabeza de novia,
pensando en el chico que en tu corazón
dejó con sus besos, sus credos amantes
como un ofertorio de dulce pasión...!

Letra de Enrique Cadícamo
Música de Salvador Merico

El bulín de la calle Ayacucho[3]

tango

El bulín de la calle Ayacucho,
que en mis tiempos de rana alquilaba;
el bulín que la barra buscaba
pa' caer por la noche a timbear;
el bulín donde tantos muchachos
en sus rachas de vida fulera
encontraron marroco y catrera,
rechiflado parece llorar.

El *primus* no me faltaba
con su carga de aguardiente,
y habiendo agua caliente
el mate era allí señor.
No faltaba la guitarra
bien encordada y lustrosa,
ni el bacán de voz gangosa
con berretín de cantor.

Cotorrito mistongo, tirado
en el fondo de aquel conventillo.
sin alfombra, sin lujo, sin brillo;
cuántos días felices pasé
al calor del querer de una piba
que fue mía, mimosa y sincera,
y una noche de invierno fulera
hacia el cielo de un vuelo se fue.

Cada cosa era un recuerdo
que la vida me amargaba,
por eso me la pasaba
cabrero, rante y tristón.
Los muchachos se cortaron
al verme tan afligido,
y yo me quedé en el nido
empollando mi aflicción.

El bulín de la calle Ayacucho
ha quedado mistongo y fulero;
ya no se oye al cantor milonguero
engrupido su musa entonar.
En el *primus* no bulle la pava
que a la barra contenta reunía,
y el bacán de la rante alegría
está seco de tanto llorar.

Letra de Celedonio Flores
Música de los hermanos José y Luis Servidio

El choclo

tango

Con este tango, que es burlón y compadrito,
se ató dos alas la emoción de mi suburbio;
con este tango nació el tango, y como un grito
salió del sórdido barrial buscando el cielo.

Conjuro extraño de un amor hecho cadencia
que abrió caminos sin más ley que su esperanza;
mezcla de rabia, de dolor, de fe, de ausencia,
llorando en la inocencia de un ritmo juguetón.
Por tu milagro de notas agoreras
nacieron sin pensarlo las paicas y las grelas;
luna en los charcos, canyengue en las caderas,
y un ansia fiera en la manera de querer...
Al evocarte,
tango querido,
siento que tiemblan las baldosas de un bailongo
y oigo el rezongo
de mi pasado...
Hoy, que no tengo
más a mi madre,
siento que llega en punta 'e pie para besarme
cuando tu canto nace al son de un bandoneón.
Carancanfunfa se hizo al mar con tu bandera
y en un pernó mezcló a París con Puente Alsina;
fuiste compadre del *gavión* y de la *mina*
y hasta comadre del *bacán* y la *pebeta*...
Por vos, *shusheta*, *cana*, *reo* y *mishiadura*
se hicieron voces que al nacer con tu destino;
misa de faldas, kerosén, tajo y cuchillo
que ardió en los conventillos y ardió en mi corazón.

Letra de Enrique Santos Discépolo[4]
Música de Ángel Gregorio Villoldo

El motivo[5]

tango

Mina, que fue en otro tiempo
la más papa milonguera,
y en esas noches tangueras
fue la reina del festín...
Hoy no tiene pa' ponerse
ni zapatos ni vestidos;
anda enferma y el amigo
no aportó para el bulín.

Ya no tiene sus ojazos
esos fuertes resplandores,
y en su cara los colores
se le ven palidecer...
Está enferma, sufre y llora,
y manya con sentimiento
que así, enferma y sin vento,
más naides la va a querer.

Pobre paica, que ha tenido
a la gente rechiflada
y supo con la mirada
conquistar una pasión...
Hoy no tiene quién se arrime
por cariño a su catrera...
¡Pobre paica arrabalera
que quedó sin corazón...!

Y cuando de los bandoneones
se oyen las notas de un tango,
pobre florcita del fango
siente en su alma vibrar
las nostalgias de otros tiempos,
de placeres y de amores...
Hoy sólo son sinsabores
que la invitan a llorar.

Letra de Pascual Contursi[6]
Música de Juan Carlos Cobián

El que atrasó el reloj

tango

¡Che, Pepino,
levantate 'e la catrera,
que se ha roto la tijera
de cortar el bacalao!
¿Que te has creído?
¿Que dormís pa' que yo cinche?
¡Andá a buscar otro guinche
si tenés sueño pesao!
¡Guarda, que te cacha el porvenir!
¡Ojo, que hoy anda el vento a la rastra;
y el que tiene guita, lastra,
y el que no, se hace faquir!
¿Querés que me deschave

y diga quién sos vos?
¡Vos sos, che, vagoneta,
el que atrasó el reloj!
¿Con qué herramienta te ganás la vida?
¿Con qué ventaja te ponés mi ropa?
¡Se me acabó el reparto 'e salvavidas!
Cachá esta onda: ¡se acabó la sopa!
¡A ver si cobrás un poco 'e impulso,
pa' que esta vida de ojo no se alargue!
¡Ya estoy en llanta de levarte a pulso,
buscate un changador pa' que te cargue!
Si hasta creo
que naciste de un carozo...
¡Sos más frío que un bufoso!
¡Ya no te puedo aguantar!
En la sangre
me pusiste una bombilla,
y hoy me serruchás la silla
cuando me quiero sentar.
¡De ésta ya no te salva ni el gong!
¡Guarda, que se me pianta la fiera!
¡Levantate 'e la catrera,
que voy a quemar el colchón!
¿Querés que me deschave
y diga quién sos vos?
¡Vos sos, che, vagoneta,
el que atrasó el reloj!

Letra de Enrique Cadícamo
Música de Guillermo Desiderio Barbieri

El último organito

tango

Las ruedas embarradas del último organito
vendrán desde la calle buscando el arrabal
con un caballo flaco y un rengo y un monito
y un coro de muchachas vestida de percal.
Con pasos apagados elegirá la esquina
donde se mezclen luces de luna y almacén
para que bailen valses detrás de la hornacina
la pálida marquesa y el pálido marqués.

El último organito irá de puerta en puerta
hasta encontrar la casa de la vecina muerta,
de la vecina aquella que se cansó de amar.
Y allí molerá tangos para que llore el ciego,
el ciego inconsolable del verso de Carriego,
que fuma, fuma y fuma sentado en el umbral.

Tendrá una caja blanca, el último organito;
y el alma del otoño sacudirá su son,
y adornarán sus tablas cabezas de angelitos,
y el eco de su piano será como un adiós.
Saludarán su ausencia las novias encerradas
abriendo las persianas detrás de su canción,
y el último organito se perderá en la Nada,
y el alma del suburbio se quedará sin voz.

Letra de Homero Manzi. Música de Acho Manzi

En esta tarde gris

tango

¡Qué ganas de llorar en esta tarde gris!
En su repiquetear, la lluvia habla de ti...
Remordimiento de saber
que por mi culpa nunca,
vida, nunca te veré.
Mis ojos, al cerrar, te ven igual que ayer,
temblando al implorar de nuevo mi querer...
Y hoy es tu voz que vuelve a mí
en esta tarde gris...

—Ven
(triste me decías),
que en esta soledad
no puede más el alma mía...
Ven
y apiádate de mi dolor,
que estoy cansada de llorarte,
de sufrir y de esperarte
y de hablar siempre a solas
con mi corazón...
Ven,
pues te quiero tanto
que si no vienes hoy
voy a quedar ahogada en llanto...
No,
no puede ser que viva así,

con este amor clavado en mí
como una maldición...

No supe comprender tu desesperación
y alegre me alejé en alas de otro amor...
¡Qué solo y triste me encontré
cuando me vi tan lejos
y mi engaño comprobé!
Mis ojos, al cerrar, te ven igual que ayer,
temblando al implorar de nuevo mi querer...
Y hoy es tu voz que vuelve a mí
en esta tarde gris.

Letra de José María Contursi
Música de Mariano Mores

Enfundá la mandolina

tango

Sosegate, que ya es tiempo de archivar tus ilusiones;
Dedicate a balconearla, que pa' vos ya se acabó
y es muy triste eso de verte esperando a la fulana
con la pinta de un mateo desalquilao y tristón.
¡No hay que hacerle, ya estás viejo, se acabaron los
/programas
y hacés gracia con tus locos berretines de gavión!
Ni te miran las muchachas, y si alguna te da labia
es pa' pedirte un consejo de baqueano en el amor.

¡Qué querés, Cipriano, ya no das más jugo!
Son cincuenta abriles que encima llevás...
Junto con el pelo, que fugó del mate,
se te fue la pinta, que no vuelve más.
Dejá las pebetas para los muchachos,
esos platos fuertes no son para vos.
Piantá del sereno; andate a la cama,
que después mañana andás con la tos...

—Enfundá la mandolina, ya no estás pa' serenatas,
te aconseja la minusa que tenés en el bulín,
dibujándote en la boca la atrevida cruz pagana
con la punta perfumada de su lápiz de carmín.
Han caído tus acciones en la rueda de grisetas
y al compás del almanaque se deshoja tu ilusión,
y ya todo te convida pa' ganar cuartel de invierno
junto al fuego del recuerdo, a la sombra de un rincón.

Letra de José María Horacio Zubiría Mansilla
Música de Francisco Nicolás Pracánico

Esta noche me emborracho

tango

Sola, fané, descangayada,
la vi esta madrugada
salir de un cabaret.
Flaca, dos cuartas de cogote,

una percha en el escote
bajo la nuez.
Chueca, vestida de pebeta,
teñida y coqueteando
tu desnudez.
Parecía un gallo desplumao
mostrando al compadrear
el cuero picoteao.
Yo, que sé cuando no aguanto más,
al verla así rajé
pa' no llorar...

¡Y pensar que hace diez años
fue mi locura...!
¡Que llegué hasta la traición
por su hermosura...!
¡Que esto que hoy es un cascajo
fue la dulce metedura
donde yo perdí el honor...!
¡Que, chiflao por su belleza,
le quité el pan a la vieja,
me hice ruin y pechador...!
¡Que quedé sin un amigo...!
¡Que viví de mala fe...!
¡Que me tuvo de rodillas,
sin moral, hecho un mendigo
cuando se fue...!

Nunca soñé que la vería
en un «requiesca in pache»
tan cruel como el de hoy.

¡Mire, si no es pa' suicidarse,
que por este cachivache
sea lo que soy...!
Fiera venganza, la del tiempo,
que nos hace ver deshecho
lo que uno amó.
Este encuentro me ha hecho tanto mal,
que si lo pienso más
termino envenenao...
¡Esta noche me emborracho bien,
me mamo bien mamao
pa' no pensar!

Letra y música de Enrique Santos Discépolo

Fangal

tango

Yo la vi que se venía en falsa escuadra.
Se ladeaba, se ladeaba, por el borde de fangal.
Pobre mina que nació en un conventillo
con los pisos de ladrillos, en aljibe y el parral.
Alguien tiró la banana, que ella pisó sin querer,
y justito, cuando vi que se venía ya de cúbito dorsal,
¡me la agarré!
Fui un gil
porque creí que allí inventé el honor.
Un gil

que alzó un tomate y lo creyó una flor.
Y sigo gil
cuando presumo que salvé el amor,
ya que ella fue
quien a trompadas me rompió las penas...
Ya ven,
volví a la mugre de vivir tirao.
¡Caray!
¡Si al menos me engrupiera de que la he salvao!
(Esto dijo el cusifai mientras la cosa
retozaba, retozaba, ya perdida en el fangal.
Y él tomaba una ginebra desastrosa
entre curdas y malandras en la mesa de aquel bar...
Si alguien tiró la banana, él que era un gil la empujó
y justito cuando vio que se venía ya decúbito dorsal,
se le prendió).

Letra de Enrique Santos Discépolo
y Homero Expósito
Música de Enrique Santos Discépolo
y Virgilio Expósito

Fuimos

tango

Fui como una lluvia de cenizas y fatigas
en las horas resignadas de tu vida.
Gota de vinagre derramada

fatalmente derramada sobre todas tus heridas.
Fuiste, por mi culpa, golondrina entre la nieve,
rosa marchitada por la nube que no llueve.
Fuimos la esperanza que no llega, que no alcanza,
que no puede vislumbrar la tarde mansa.
Fuimos el viajero que no implora,
que no reza, que no llora, que se echó a morir.

¡Vete...!
¿No comprendes que te estás matando?
¿No comprendes que te estoy llamando?
¡Vete...!
No me beses, que te estoy llorando
y quisiera no llorarte más...
¿No ves...?
Es mejor que mi dolor que de tirado con tu amor,
librado de tu amor final...
¡Vete...!
¿No comprendes que te estoy salvando?
¿No comprendes que te estoy amando?
No me sigas, ni me llames, ni me beses,
ni me llores, ni me quieras más...

Fuimos abrazados a la angustia de un presagio
por la noche de un camino sin salidas.
Pálidos despojos de un naufragio
sacudidos por las olas del amor y de la vida.
Fuimos empujados en un viento desolado,
sombras de una sombra que tornaba del pasado.
Fuimos la esperanza que no llega, que no alcanza,
que no puede vislumbrar la tarde mansa.

Fuimos el viajero que no implora,
que no reza, que no llora, que se echó a morir...

Letra de Homero Manzi
Música de José Dames

Garúa

tango

¡Qué noche llena de hastío y de frío!
El viento trae un extraño lamento.
Parece un pozo de sombras, la noche;
y yo en las sombras camino muy lento.
Mientras tanto la garúa
se acentúa con sus púas
en mi corazón...
En esta noche tan fría y tan mía,
pensando siempre en lo mismo me abismo;
y aunque quiera yo arrancarla,
desecharla
y olvidarla,
la recuerdo más...

Garúa...
Solo y triste por la acera
va este corazón transido
con tristeza de tapera...
Sintiendo tu hielo,
porque aquélla con su olvido
hoy le abierto una gotera...

Perdido
como un duende que en la sombra
más la busca y más la nombra...
Garúa...
Tristeza...
¡Hasta el cielo se ha puesto a llorar!

¡Qué noche llena de hastío y de frío!
No se ve a nadie cruzar por la esquina.
Sobre la calle, la hilera de focos
lustra el asfalto con luz mortecina.
Y yo voy como un descarte,
siempre solo,
siempre aparte,
recordándote...
Las gotas caen en el charco de mi alma;
hasta los huesos, calado y helado.
Y humillando este tormento
todavía pasa el viento
empujándome...

Letra de Enrique Cadícamo
Música de Aníbal Troilo

Garufa

tango
Del barrio La Mondiola sos el más rana
y te llaman "Garufa" por lo bacán;

tenés más pretensiones que bataclana
que hubiera hecho suceso con un gotán...
Durante la semana, meta laburo,
y el sábado a la noche sos un dotor;
te encajás las polainas y el cuello duro
y te venís pa'l Centro de rompedor...
¡Garufa,
pucha, que sos divertido...!
¡Garufa,
ya sos un caso perdido...!
Tu vieja
dice que sos un bandido
porque supo que te vieron
la otra noche
por el Parque Japonés.
Caés a la milonga en cuanto empieza
y sos para las minas el vareador;
sos capaz de bailarte la *Marsellesa*,
la *Marcha 'e Garibaldi* y el *Trovador*...
Con un café con leche y una ensaimada
rematás esas noches de bacanal,
y al volverte a tu casa, de madrugada,
decís: «¡Yo soy un rana fenomenal...!».

Letra de Roberto Fontaina y Víctor Soliño
Música de Juan Antonio Collazo

Gricel

tango

No debí pensar jamás
en lograr tu corazón,
y sin embargo te busqué
hasta que un día te encontré
y con mis besos te aturdí
sin importarme que eras buena.
Tu ilusión fue de cristal:
se rompió cuando partí,
pues nunca, nunca más volví...
¡Qué amarga fue tu pena!

—No te olvides de mí,
de tu Gricel,
me dijiste al besar
el Cristo aquél;
y hoy que vivo enloquecido
porque no te olvidé,
ni te acuerdas de mí,
Gricel... ¡Gricel...!

Me faltó después de tu voz
y el calor de tu mirar,
y como un loco te busqué,
pero ya nunca te encontré
y en otros besos me aturdí.
Mi vida toda fue un engaño...

¿Qué será, Gricel, de mí...?
Se cumplió la ley de Dios,
porque sus culpas ya pagó
quien te hizo tanto daño.

Letra de José María Contursi
Música de Mariano Mores

Justo el treinta y uno

tango

Hace cinco días,
loco de contento,
vivo en movimiento
como un carrusel.
¡Ella, que pensaba
amurarme el uno,
justo el treinta y uno
yo la madrugué!
Me contó un vecino
que la inglesa loca,
cuando vio la pieza
sin un alfiler,
se morfó la soga
de colgar la ropa,
que fue en el apuro
lo que me olvidé.

(Recitado)
¡Si se ahorca no me paga
las que yo pasé!

Era un mono loco
que encontré en un árbol
una noche de hambre
que me vio pasar.
Me tiró un coquito
y yo, que soy chicato,
me ensarté al oscuro
y la llevé al bulín.
Sé que entré a la pieza
y encendí la vela...
Sé que me di vuelta
para verla bien...
¡Era tan fulera
que la vi y di un grito!
Lo demás fue un sueño;
yo me desmayé...

La aguanté de pena
casi cuatro meses,
entre la cachada
de todo el café.
Le tiraban nueces
mientras me gritaban:
—¡Ahí va Sarrasani
con el chimpancé...!
Gracias a que el Zurdo,
que es tipo derecho,

le regó el helecho
cuando se iba a alzar,
y la redoblona
de amurarme el uno,
¡justo el treinta y uno
se la fui a cortar!

Letra de Enrique Santos Discépolo y Ray Rada
Música de Enrique Santos Discépolo

La Cumparsita[7]

¡Si supieras
que aún dentro de mi alma
conservo aquel cariño
que tuve para ti...!
¡Quién sabe, si supieras
que nunca te he olvidado...!
Volviendo a tu pasado
te acordarás de mí...

Los amigos ya no vienen
ni siquiera a visitarme;
nadie quiere consolarme
en mi aflicción...
Desde el día que te fuiste
siento angustias en mi pecho...
¡Decí, percanta, qué has hecho
de mi pobre corazón...!

Sin embargo
yo siempre te recuerdo
con el cariño santo
que tuve para ti;
y estás dentro de mi alma,
pedazo de mi vida,
en la ilusión querida
que nunca olvidaré.

Al cotorro abandonado
ya ni el sol de la mañana
asoma por la ventana,
como cuando estabas vos...
Y aquel perrito compañero
que por tu ausencia no comía
al verme solo, el otro día
también me dejó.

Letra de Pascual Contursi y Enrique Pedro Maroni[8]
Música de Gerardo Hernán Matos Rodríguez

La mina del Ford

tango

Por eso, la mina, aburrida
de aguantar la vida que le di,
cachó un baúl una noche
y se fue cantando así:

Yo quiero un cotorro
que tenga balcones,
cortinas muy largas
de seda crepé;
mirar los bacanes
pasando a montones,
pa' ver si algún reo
me dice: «Qué hacé...».
Yo quiero un cotorro
con piso encerado,
que tenga alfombrita
para caminar;
sillones de cuero
todo rempujado,
y un loro atorrante
que sepa cantar.

Yo quiero una cama
que tenga acolchado,
y quiero una estufa
pa' entrar en calor;
que venga el mucamo
corriendo, apurado,
y diga: —*Señora,*
araca, está el Ford...

Letra de Pascual Contursi y Enrique Pedro Maroni
Música de Antonio Scatasso y Fidel del Negro

La Morocha

tango

Yo soy la Morocha;
la más agraciada,
la más renombrada
de esta población.
Soy la que al paisano
muy de madrugada
brinda un cimarrón.

Yo, con dulce acento,
junto a mi ranchito
canto un estilito
con tierna pasión;
mientras que mi dueño
sale al trotecito
con su redomón.

Soy la Morocha argentina,
la que no siente pesares
y alegre pasa la vida
con sus cantares.
Soy la gentil compañera
del noble gaucho porteño,
la que conserva la vida
para su dueño.

Yo soy la Morocha
de mirar ardiente,
la que en su alma siente
el fuego de amor.
Soy la que al criollito
más noble y valiente
ama con ardor.

En mi amado rancho
bajo la enramada,
en noche plateada
con dulce emoción
le canto al pampero,
a mi patria amada
y a mi fiel amor.

Soy la Morocha argentina,
la que no siente pesares
y alegre pasa la vida
con sus cantares.
Soy la gentil compañera
del noble gaucho porteño,
la que conserva el cariño
para su dueño.

Letra de Ángel Gregorio Villoldo
Música de Enrique Saborido

La pulpera de Santa Lucía

vals

Era rubia y sus ojos celestes
reflejaban la gloria del día,
y cantaba como una calandria
la pulpera de Santa Lucía.
Era flor de la vieja parroquia,
¿quién fue el gaucho que no la quería?
Los soldados de cuatro cuarteles
suspiraban en la pulpería.

Le cantó el payador mazorquero
con un dulce gemir de vihuelas
en la reja que olía a jazmines,
en el patio, que olía a diamelas:
—Con el alma te quiero, pulpera,
y algún día tendrás que ser mía,
mientras lloran por ti las guitarras,
las guitarras de Santa Lucía...

La llevó un payador de Lavalle
cuando el año cuarenta moría;
ya no alumbran sus ojos celestes
la parroquia de Santa Lucía.
No volvieron los trompas de Rosas
a cantarle vidalas y cielos,
y en el patio de la pulpería
los jazmines lloraban de celos.

Y volvió el payador mazorquero
a cantar en el patio vacío
la doliente y postrer serenata
que llevábase el viento del río:
—¿Dónde estás con tus ojos celestes,
oh, pulpera que no fuiste mía...?
¡Cómo lloran por ti las guitarras,
las guitarras de Santa Lucía...!

Letra de Héctor Pedro Blomberg
Música de Enrique Maciel

La última curda

tango

Lastima, bandoneón, mi corazón
tu ronca maldición maleva;
tu lágrima de ron me lleva
hasta el hondo bajo fondo
donde el barro se subleva...
Ya sé; no me digás, tenés razón:
la vida es una herida absurda
y es todo, todo tan fugaz
que es una curda, nada más,
mi confesión...

Contame tu condena,
decime tu fracaso,

¿no ves la pena que me ha herido?
Y hablame simplemente
de aquel amor ausente
tras un retazo del olvido,
llorando mi sermón de vino...
Ya sé que me hace daño,
ya sé que me lastimo
llorando mi sermón de vino;
pero es el viejo amor
que tiembla, bandoneón,
y busca en el licor que aturda
la curda que al final
termine la función
corriéndole un telón
al corazón...

Un poco de recuerdo y sinsabor
gotea tu rezongo lerdo;
marea tu licor y arrea
la tropilla de la zurda
al volcar la última curda...
Cerrame el ventanal, que quema el sol
su lento caracol de sueño...
¿No ves que vengo de un país
que está de olvido, siempre gris,
tras el alcohol...?

Letra de Cátulo Castillo
Música de Aníbal Troilo

Las cuarenta

tango

Con el pucho de la vida apretado entre los labios,
la mirada turbia y fría, un poco lerdo el andar,
dobló la esquina del barrio, y curda ya de recuerdos,
como volcando un veneno, esto se le oyó acusar:
—Vieja calle de mi barrio, donde he dado el primer paso,
vuelvo a vos gastado el mazo en inútil barajar;
con una llaga en el pecho, con mi sueño hecho pedazos,
que se rompió en un abrazo que me diera la Verdad.
Aprendí todo lo malo, aprendí todo lo bueno;
sé del beso que se compra, sé del beso que se da;
del amigo que es amigo siempre y cuando le convenga
y sé que con mucha plata uno vale mucho más.
Aprendí que en esta vida hay que llorar si otros lloran,
y si la murga se ríe, uno se debe reír.
No pensar ni equivocado, ¿para qué, si igual se vive,
y además corrés el riego que te bauticen gil?

La vez que quise ser bueno, en la cara se me rieron;
cuando grité una injusticia, otros me hicieron callar...
La experiencia fue mi amante, el desengaño mi amigo:
Toda carta tiene contra y toda contra se da...
Hoy no creo ni en mi mismo; todo es grupo, todo es falso;
y aquél que está más alto es igual a los demás.

Por eso no has de extrañarme si alguna noche,
borracho,
me vieran pasar del brazo con quien no debo pasar.

Letra de Froilán.
Música de Roberto Grela

Lloró como una mujer

tango

(Recitado)
Cotorro al gris. Una mina, ya sin chance por lo vieja,
que sorprende a su garabo en el trance de partir.
Una escena a lo Melato, y entre un llanto y una queja,
arrodillada ante a su hombre, así se le oyó decir...

Me engrupiste bien debute con el cuento 'e la tristeza,
pues creí que te morías si te dejaba amurao;
pegabas cada suspiro, que hasta el papel de la pieza
se despegaba de a poco, hasta quedar descolao...
Te dio por hacerte el loco y le pegaste al alpiste;
te espiantaron del laburo por marmota y por sebón...
Yo también, al verte enfermo, empecé a ponerme triste
y entré a quererte por zonza, a fuerza de compasión...

Te empezó a gustar el monte y dejaste en la timba,
poco a poco, la vergüenza, la decencia y la moral...
Como entró a escasear el vento, me diste cada marimba

que me dejaste de cama con vistas al hospital...
Como quedaste en la vía y tu viejo, un pobre tano,
era chivo con los cosos pelandrunes como vos,
me pediste una ayuda y entonces te di una mano
alquilando un cotorrito en el Centro, pa' los dos...
Allá como a la semana me pediste pa' cigarros;
después pa' cortarte el pelo, para ir un rato al café...
Una vez que discutimos me tiraste con los tarros,
que si nos los gambeteo estaba lista, no sé...
Decime si yo no he sido para vos como una madre...
Decime si yo merezco lo que me pensás hacer...

Bajó el bacán la cabeza y él, tan rana y tan compadre,
besándole los cabellos lloró como una mujer.

Letra de Celedonio Flores
Música de José María Aguilar

Los cosos de al lao

tango

Sollozaron los violines,
los fueyes se estremecieron
y en la noche se perdieron
los acordes de un gotán.
Un botón que toca ronda
pa' no quedarse dormido,
y un galán que está escondido

chamuyando en un zaguán...
De pronto se escucha
el rumor de una orquesta...
¡Es que están de fiesta
los cosos de al lao!
Ha vuelto la piba
que un día se fuera,
cuando no tenía
veinte primaveras.
Hoy tiene un purrete
y lo han bautizao...
¡Por eso es que bailan
los cosos de al lao!

Ya las luces se apagaron...
El barrio se desperezа...
La noche, con su tristeza,
el olivo se ha tomao...
Los obreros, rumbo al yugo
como todas las mañanas;
mientras que hablando macanas
pasa un tipo encurdelao...

Letra de José Canet
Música de Marcos Larrosa

Los mareados[9]

tango

Rara,
como encendida, te hallé bebiendo
linda y fatal.
Bebías,
y en el fragor del champán loca reías,
por no llorar.
Pena
me dio encontrarte, pues al mirarte
yo vi brillar
tus ojos,
con ese eléctrico ardor, tus negros ojos
que tanto adoré.

Esta noche, amiga mía,
el alcohol nos ha embriagado...
¡Qué me importa que se rían
y nos llamen «los mareados»!
Cada cual tiene sus penas
y nosotros las tenemos.
Esta noche beberemos,
porque ya no volveremos
a vernos más.

Hoy vas a entrar en mi pasado,
en el pasado de mi vida...
Tres cosas lleva mi alma herida:

amor, pesar, dolor...
Hoy vas a entrar en mi pasado,
hoy nuevas sendas tomaremos.
¡Qué grande ha sido nuestro amor,
y sin embargo, ay, mirá lo que quedó!

Letra de Enrique Cadícamo[10]
Música de Juan Carlos Cobián

Madame Ivonne

tango

Mademoiselle Ivonne era una pebeta
en el barrio posta del viejo Montmartre.
Con su pinta brava de alegre griseta
animó las fiestas de Les Quatre Arts.
Era la papusa del Barrio Latino
que supo a los puntos del verso inspirar,
pero fue que un día llegó un argentino
y a la francesita la hizo suspirar.

Madame Ivonne,
la Cruz del Sur fue como un sino;
Madame Ivonne,
fue como el sino de tu suerte...
Alondra gris,
tu dolor me conmueve;
tu pena es de nieve,

Madame Ivonne...

Han paso diez años que zarpó de Francia,
Mademoiselle Ivonne hoy es sólo «Madame»;
la que al ver que todo quedó en la distancia
con ojos muy tristes bebe su champán...
Ya no es la papusa del Barrio Latino;
ya no es la mistonga florcita de lis...
Ya nada le queda de aquel argentino
que entre tango y mate la alzó de París.

Letra de Enrique Cadícamo
Música de Eduardo Gregorio Pereyra

Mala suerte

tango

«Se acabó nuestro cariño», me dijiste fríamente.
Yo pensé pa' mi adentros: «Puede que tengas razón...».
Lo pensé y te dejé sola, sola y dueña de tu vida,

mientras yo con mi conciencia me jugaba el corazón.
Y cerré fuerte los ojos, y apreté fuerte los labios,
pa' no verte, pa' no hablarte, pa' no gritar un adiós...
Y tranqueando despacito me fui al bar que está en la esquina
para ahogar con cuatro tragos lo que pudo ser tu amor.

Yo no pude prometerte cambiar la vida que llevo,
porque nací calavera y así me habré de morir.
A mí me tiran la farra, el café, la muchachada,
y donde haya una milonga yo no puedo estar sin ir.
Bien sabés cómo yo he sido, bien sabés cómo he
/pensado
de mis locas inquietudes, de mi afán de callejear.
¡Mala suerte si hoy te pierdo! ¡Mala suerte si ando solo!
¡El culpable soy de todo, ya que no puedo cambiar!

Porque yo sé que mi vida no es una vida modelo,
porque quien tiene un cariño al cariño se ha de dar,
y yo soy como el jilguero que aún estando en jaula de oro
en su canto llora siempre el antojo de volar.
He tenido mala suerte, pero hablando francamente,
yo te quedo agradecido, has sido novia y mujer.
Si la vida ha de apurarme con rigores algún día,
ya podés estar segura que de vos me acordaré.

Letra de Froilán
Música de Francisco Juan Lomuto

Malena

tango
Malena canta el tango como ninguna
y en cada verso pone su corazón.

A yuyo de suburbio su voz perfuma.
Malena tiene pena de bandoneón.
Tal vez allá, en la infancia, su voz de alondra
tomó ese tono oscuro de callejón;
o acaso aquel romance que sólo nombra
cuando se pone triste con el alcohol...
Malena canta el tango con voz de sombra;
Malena tiene pena de bandoneón.

Tu canción
tiene el frío del último encuentro.
Tu canción
se hace amarga en la sal del recuerdo.
Yo no sé
si tu voz es la flor de una pena;
sólo sé
que al rumor de tus tangos, Malena,
te siento más buena,
más buena que yo.

Tus ojos son obscuros como el olvido;
tus labios, apretados como el rencor;
tus manos, dos palomas que sienten frío;
tus venas tienen sangre de bandoneón...
Tus tangos son criaturas abandonadas
que cruzan sobre el barro del callejón
cuando todas las puertas están cerradas
y ladran los fantasmas de la canción.
Malena canta el tango con voz quebrada;
Malena tiene pena de bandoneón.

Letra de Homero Manzi. Música de Lucio Demare

Malevaje

tango

¡Decí, por Dios, qué me has dao
que estoy tan cambiao,
no sé más quien soy...!
El malevaje, extrañao,
me mira sin comprender.
Me ve perdiendo el cartel
de guapo, que ayer
brillaba en la acción.
¡No ves que estoy embretao,
vencido y maniao
en tu corazón...!

Te vi pasar, tangueando altanera,
con un compás tan hondo y sensual
que no fue más que verte y perder
la fe, el coraje y el ansia 'e guapear...
No me has dejao ni el pucho en la oreja
de aquel pasao malevo y feroz.
¡Ya no me falta, pa' completar,
más que ir a misa e hincarme a rezar...!

Ayer, de miedo a matar,
en vez de pelear
me puse a correr...
Me vi a la sombra o finao...
Pensé en no verte y temblé....

¡Si yo, que nunca aflojé,
de noche angustiao
me encierro a llorar...!
¡Decí, por Dios, qué me has dao
que estoy tan cambiao,
no sé más quien soy...!

Letra de Enrique Santos Discépolo
Música de Juan de Dios Filiberto

Mano a mano

tango

Rechiflao en mi tristeza hoy te evoco y veo que has sido
en mi pobre vida paria sólo una buena mujer,
tu presencia de bacana puso calor en mi nido,
fuiste buena consecuente y yo sé que me has querido
como no quisiste a nadie, como no podrás querer.

Se dio el juego de remanye cuando vos, pobre percanta,
gambeteabas la pobreza en la casa de pensión.
Hoy sos toda una bacana, la vida te ríe y canta,
los morlacos del otario los tirás a la marchanta,
como juega el gato maula con el mísero ratón.

Hoy tenés el mate lleno de infelices ilusiones.
Te engrupieron los morlacos, las amigas, el gavión;
la milonga entre magnates, con sus locas tentaciones

donde triunfan y claudican milongueras pretensiones,
se te ha entrado muy adentro en el pobre corazón.

Nada debo agradecerte, mano a mano hemos quedado;
no me importa lo que has hecho, lo que hacés
/ni lo que harás...
Los favores recibidos creo habértelos pagado,
y si alguna deuda chica sin querer se me ha olvidado
en la cuenta del otario que tenés, se la cargás...

Mientras tanto, que tus triunfos, pobres triunfos
/pasajeros,
sean una larga fila de riquezas y placer;
que el bacán que te acamala tenga pesos duraderos,
que te abrás en las paradas con cafishios milongueros
y que digan los muchachos: «Es una buena mujer...».

Y mañana, cuando seas descolado mueble viejo
y no tengas esperanzas en el pobre corazón,
si precisás una ayuda, si te hace falta un consejo,
acordate de este amigo, que ha de jugarse el pellejo
pa' ayudarte en lo que pueda cuando llegue la ocasión.

Letra de Celedonio Flores
Música de Carlos Gardel y José Francisco Razzano

Manoblanca[11]

tango

¿Dónde vas, carrerito del Este,
castigando tu yunta de ruanos,
y mostrando en la chata celeste
las dos iniciales pintadas a mano...?
Reluciendo la estrella de bronce
claveteada en la suela de cuero...
¿Dónde vas, carrerito del Once
cruzando ligero las calles del Sur...?

¡Porteñito! ¡Manoblanca!
¡Vamos, fuerza, que viene barranca...!
¡Manoblanca! ¡Porteñito!
¡Fuerza, vamos, que falta un poquito...!
¡Bueno, bueno...! ¡Ya salimos!
Ahora sigan parejo otra vez,
que esta noche me esperan sus ojos
en la avenida Centenera y Tabaré.

¿Donde vas, carrerito porteño,
con tu chata flameante y coqueta,
con los ojos cerrados de sueño
y un gajo de ruda detrás de la oreja...?
El orgullo de ser bien querido
se adivina en tu estrella de bronce...
Carrerito del barrio del Once,
que vuelves trotando para el corralón...

¡Porteñito! ¡Manoblanca!
¡Vamos, fuerza, que viene barranca...!
¡Manoblanca! ¡Porteñito!
¡Fuerza, vamos, que falta un poquito...!
¡Bueno, bueno...! ¡Ya salimos!
Ahora sigan parejo otra vez,
mientras sueño en los ojos aquellos
de la avenida Centenera y Tabaré.

Letra de Homero Manzi[12]
Música de Antonio de Bassi[13]

María

tango

Acaso te llamaras solamente María...
No sé si eras el eco de una vieja canción,
pero hace mucho, mucho, fuiste hondamente mía
sobre un paisaje triste, desmayado de amor...
El otoño te trajo, mojando de agonía,
tu sombrerito pobre y el tapado marrón...
Eras como la calle de la melancolía,
que llovía... llovía sobre mi corazón...

¡María...!
En las sombras de mi pieza
es tu paso el que regresa...
¡María...!

Y es tu voz, pequeña y triste,
la del día en que dijiste:
«Ya no hay nada entre los dos...».
¡María!
¡La más mía...! ¡La lejana...!
¡Si volviera otra mañana
por las calles del adiós...!

Tus ojos eran puertos que guardaban ausentes
su horizonte de sueños y un silencio de flor...
Pero tus manos buenas regresaban presentes,
para curar mi fiebre, desteñida de amor...
Un otoño te trajo... Tu nombre era María,
y nunca supe nada de tu rumbo infeliz...
¡Si eras como la calle de la melancolía,
que llovía... llovía, sobre la calle gris...!

Letra de Cátulo Castillo
Música de Aníbal Troilo

Marioneta
(La pobre muchacha del Royal)

tango

Tenía aquella casa no sé qué suave encanto
en la belleza humilde del patio colonial,
cubierto en el verano por el florido manto

que hilaban las glicinas, la parra y el rosal.
¡Si me parece verte! La pollerita corta,
Sobre un banco empinada las puntas de tus pies,
Los bucles despeinados, y contemplando, absorta,
los títeres que hablaban inglés, ruso y francés.

¡Arriba, Doña Rosa...!
¡Don Pánfilo, ligero...!
Y aquel titiritero
de voz aguardentosa
nos daba la función...
¡Tus ojos se extasiaban!
Aquellas marionetas
saltaban y bailaban
prendiendo en tu alma inquieta
la cálida emoción.

Los años de la infancia risueña ya pasaron
camino del olvido, los títeres también.
Piropos y promesas tu oído acariciaron;
te fuiste de tu casa, no se supo con quién...
Allá entre bastidores, ridículo y mezquino,
claudica el decorado sencillo de tu hogar,
y vos, en el proscenio de un frívolo destino,
sos frágil marioneta que baila sin cesar.

Letra de Armando José María Tagini
Música de Juan José Guichandut

Melodía de arrabal

tango

Barrio plateado por la luna,
rumores de milonga
es toda tu fortuna.
Hay un fuelle que rezonga
en tu cortada mistonga,
mientras que una pebeta
linda como una flor
espera, coqueta,
bajo la quieta
luz de un farol.

¡Barrio...! ¡Barrio,
que tenés el alma inquieta
de un gorrión sentimental!
¡Penas...! ¡Ruego,
es todo el barrio malevo
melodía de arrabal!
¡Viejo barrio,
perdoná si al evocarte
se me pianta un lagrimón,
que al rodar en tu empedrao
es un beso prolongao
que te da mi corazón!

Cuna de tauras y cantores,
de broncas y entreveros,

de todos mis amores...
En tus muros, con mi acero,
yo grabé nombres que quiero:
Rosa, la Milonguita,
era rubia Margot,
y en la primer cita
la paica Rita
me dio su amor...

Letra de Alfredo Le Pera y Mario Battistella Zoppi
Música de Carlos Gardel

Mi Buenos Aires querido

tango

Mi Buenos Aires querido,
cuando yo te vuelva a ver
no habrá más penas ni olvido.

El farolito de la calle en que nací
fue centinela de mis promesas de amor;
bajo su quieta lucecita yo la vi
a mi pebeta, luminosa como un sol.
Hoy, que la suerte quiere que te vuelva a ver,
ciudad porteña de mi único querer,
y oigo la queja de un bandoneón,
dentro del pecho pide rienda el corazón.

Mi Buenos Aires,
tierra querida,
donde mi vida
terminaré.
Bajo tu amparo
no hay desengaños,
vuelan los años,
se olvida el dolor...
En caravana
los recuerdos pasan
con una estela
dulce de emoción.
Quiero que sepas
que al evocarte
se van las penas
del corazón.

La ventanita de mi calle de arrabal,
donde sonríe una muchachita en flor;
quiero de nuevo yo volver a contemplar
aquellos ojos que acarician al mirar.
En la cortada más maleva una canción
dice su ruego de coraje y de pasión.
Una promesa y un suspirar
borró una lágrima de pena aquel cantar

Mi Buenos Aires querido,
cuando yo te vuelva a ver
no habrá más penas ni olvido.

Letra de Alfredo Le Pera. Música de Carlos Gardel

Milonga sentimental

milonga

Milonga pa' recordarte,
milonga sentimental;
otros se quejan llorando,
yo canto por no llorar.
Tu amor se secó de golpe,
nunca dijiste por qué;
yo me consuelo pensando
que fue traición de mujer.

Varón
pa' quererte mucho...
Varón
pa' desearte el bien...
Varón
pa' olvidar agravios
porque ya te perdoné.
Tal vez
no lo sepas nunca...
Tal vez
no lo puedas creer...
¡Tal vez
te provoque risa
verme tirao a tus pies!

Es fácil pegar un tajo
pa' cobrar una traición

o jugar en una daga
a suerte de una pasión;
pero no es fácil cortarse
los tientos de un metejón
cuando están bien amarrados
al palo del corazón.

Milonga que hizo tu ausencia...
Milonga de evocación...
Milonga para que nunca
la canten en tu balcón...
Pa' que vuelvas con la noche
y te vayas con el sol;
pa' decirte que sí a veces
o pa' gritarte que no.

Letra de Homero Manzi
Música de Sebastián Piana

Mi noche triste[14]

tango

¡Percanta, que me amuraste
en lo mejor de mi vida
dejándome el alma herida
y espinas en el corazón...!
¡Sabiendo que te quería,
que vos eras mi alegría

y mi sueño abrasador...!
Para mí ya no hay consuelo
y por eso me encurdelo,
pa' olvidarme de tu amor.
Cuando voy a mi cotorro
y lo veo desarreglado,
todo triste, abandonado,
me dan ganas de llorar;
y me paso largo rato
campaneando tu retrato
pa' poderme consolar.

De noche, cuando me acuesto,
no puedo cerrar la puerta,
porque dejándola abierta
me hago ilusión que volvés...
Siempre llevo bizcochitos
pa' tomar con matecitos
como cuando estabas vos,
¡y si vieras la catrera,
cómo se pone cabrera
cuando no nos ve a los dos...!
Ya no hay en el bulín
aquellos lindos frasquitos
adornados con moñitos
todos del mismo color,
y el espejo está empañado,
si parece que ha llorado
por la ausencia de tu amor...
La guitarra en el ropero
todavía está colgada;

nadie en ella canta nada
ni hace sus cuerdas vibrar...
¡Y la lámpara del cuarto
también tu ausencia ha sentido,
porque su luz no ha querido
mi noche triste alumbrar...!

Letra de Pascual Contursi[15]
Música de Samuel Castriota

Misa de once

tango

Entonces tú tenías dieciocho primaveras;
yo, veinte y el tesoro preciado de cantar.
En un colegio adusto vivías prisionera
y sólo los domingos salías a pasear.
Del brazo de la abuela llegabas a la misa,
airosa y deslumbrante de gracia juvenil,
y yo te saludaba con mi mejor sonrisa
que tú correspondías con ademán gentil.

¡Voces de bronce
llamando a misa de once...!
¡Cuántas promesas galanas
cantaron graves campanas
en las floridas mañanas
de mi dorada ilusión...!

Y eché a rodar por el mundo
mi afán de glorias y besos,
y sólo traigo, al regreso,
cansancio en el corazón...

No sé si era pecado decirte mis ternuras
allí, frente a la imagen divina de Jesús;
lo cierto es que era el mundo sendero de venturas
y por aquel sendero tu amor era la luz...
Hoy te dirá otro labio la cálida y pausada
palabra emocionada que pide y jura amor,
en tanto que mi alma, la enferma desahuciada,
solloza en la ventana del sueño evocador.

¡Misa de once,
yo ya no soy el de entonces...!
¡Cuántas promesas galanas
cantaron graves campanas
en las floridas mañanas
de mi dorada ilusión...!
Y eché a rodar por el mundo
mi afán de glorias y besos,
y sólo traigo, al regreso,
cansancio en el corazón...

Letra de Armando José María Tagini
Música de Juan José Guichandut

Muchacho

tango

Muchacho,
que porque la suerte quiso
vivís en el primer piso
de un palacete central;
que para vicios y placeres,
para farras y mujeres
disponés de un capital...
Muchacho,
que no sabés el encanto
de haber derramado llanto
por un amor de mujer;
que no sabés qué es secarse
en una timba, y armarse
para volverse a meter...

Que decís que un tango errante
no te hace perder la calma,
y que no te llora el alma
cuando gime un bandoneón.
Que si tenés sentimiento
los tenés adormecido,
pues todo lo has conseguido
pagando como un chabón.

Decime
si en tu vida pelandruna

bajo la luz de la luna,
o si no bajo un farol,
vos te has sentido poeta
y le has dicho a una pebeta
que era más linda que el sol...
Decime
si conocés la armonía,
la dulce policromía
de las tardes de arrabal,
cuando van las fabriqueras
tentadoras y diqueras
bajo el sonoro percal.

Letra de Celedonio Flores
Música de Edgardo Donato

Muñeca brava

tango

Che, madám que parlás en francés
y tirás ventolín a dos manos,
que cenás con champán bien *frappé*
y en el tango enredás tu ilusión...
Sos un biscuit de pestañas muy arqueadas,
Muñeca brava, bien cotizada;
sos del Trianón (del «Trianón» de Villa Crespo...),
che, vampiresa, juguete de ocasión...

Tenés un camba que te hace gustos
y veinte abriles que son diqueros,
y bien repleto tu monedero
pa' patinarlo de Norte a Sur...
Te baten todos Muñeca brava,
porque a los giles mareás sin grupo...
¡Pa' mi sos siempre la que no supo
guardar un cacho de amor y juventud!

Campaneá que la vida se va
y enfundá tu silueta sin rango;
y si el llanto te viene a buscar,
olvidate, Muñeca, y reí,
meta champán, que la vida se te escapa,
Muñeca brava, flor de pecado...
¡Cuando llegués al final de tu carrera
tus primaveras verás languidecer!

Letra de Enrique Cadícamo
Música de Nicolás Luis Visca

Nada

tango

He llegado hasta tu casa...
Yo no sé cómo he podido...
¡Si me han dicho que no estás,
que ya nunca volverás,

si me han dicho que te has ido...!
¡Cuánta nieve hay en mi alma!
¡Qué silencio hay tu puerta!
Al llegar hasta el umbral,
un candado de dolor
me detuvo el corazón...

¡Nada, nada queda en tu casa natal!
Sólo telarañas que teje el yuyal...
El rosal tampoco existe
y es seguro que se ha muerto al irte tú...
¡Todo es una cruz...!
¡Nada, nada más que tristeza y quietud!
Nadie que me diga si vives aún...
¿Dónde estás, para decirte que hoy he vuelto
a buscar tu amor...?

Ya me alejo de tu casa
y me voy yo ni sé dónde...
Sin querer te digo adiós,
y hasta el eco de tu voz
de la nada me responde...
En la cruz de tu candado
por tu pena yo he rezado,
y ha rodado en tu portón
una lágrima hecha flor
de mi pobre corazón...

Letra de Horacio Sanguinetti
Música de José Dames

Naranjo en flor

tango

Era más blanda que el agua,
que el agua blanda.
Era más fresca que el río,
naranjo en flor.
Y en esa calle de Estío,
calle perdida,
dejó un pedazo de vida
y se marchó.

Primero hay que saber sufrir,
después amar, después partir
y, al fin, andar sin pensamientos.
Perfume de naranjo en flor,
promesas vanas de un amor
que se escaparon con el viento.
Después, ¿qué importa del después?
Toda mi vida es el ayer
que me detiene en el pasado.
¡Eterna y vieja juventud,
que me ha dejado acobardado
como un pájaro sin luz!

¿Qué le habrán hecho mis manos?
¿Qué le habrán hecho
para dejarme en el pecho
tanto dolor?

Dolor de vieja arboleda,
canción de esquina
con un pedazo de vida,
naranjo en flor.

Letra de Homero Expósito
Música de Virgilio Expósito

Nieblas del riachuelo

tango

Niebla del Riachuelo...
amarrado al recuerdo
yo sigo esperando...
Niebla del Riachuelo...
de ese amor para siempre
me vas alejando...
Nunca más volvió...
nunca más la vi...
nunca más su voz nombró mi nombre junto a mí...
...esa misma voz que dijo: "Adiós".
Turbio fondeadero donde van a recalar
barcos que en el muelle para siempre han de quedar...
sombras que se alargan en la noche del dolor...
náufragos del mundo que han perdido el corazón...
Puentes y cordajes donde el viento viene a aullar...
barcos carboneros que jamás han de zarpar...
Torvo cementerio de las naves que al morir

sueñan sin embargo que hacia el mar han de partir...
Sueña marinero con tu viejo bergantín,
bebe tus nostalgias en el sordo cafetín...
Llueve sobre el puerto mientras tanto mi canción,
llueve lentamente sobre tu desolación...
Anclas que ya nunca, nunca más han de levar...
Bordas de lanchones sin amarras que soltar...
Triste caravana sin destino ni ilusión,
como un barco preso en «La botella del Figón»...

Letra: Enrique Cadícamo
Música de Juan Carlos Cobián

Ninguna

tango

Esta puerta se abrió para tu paso.
Este piano tembló con tu canción.
Esta mesa, este espejo y estos cuadros
guardan ecos del eco de tu voz.
¡Es tan triste vivir entre recuerdos...!
¡Cansa tanto escuchar ese rumor
de la lluvia sutil que llora el tiempo
sobre aquello que quiso el corazón...!

No habrá ninguna igual, no habrá ninguna...
Ninguna con tu piel ni con tu voz...
Tu piel, magnolia que mojó la luna.

Tu voz, murmullo que entibió el amor.
No habrá ninguna igual, todas murieron
desde el momento en que dijiste adiós.

Cuando quiero alejarme del pasado
«Es inútil...», me dice el corazón.
Este piano, esta mesa y estos cuadros
guardan ecos del eco de tu voz.
En un álbum azul están los versos
que tu ausencia cubrió de soledad.
Es la triste ceniza del recuerdo;
nada más que cenizas, nada más...

Letra de Homero Manzi
Música de Raúl Fernández Siro

Nostalgias

tango
Quiero emborrachar mi corazón
para apagar un loco amor,
que más que amor es un sufrir;
y aquí vengo para eso,
a borrar antiguos besos
en los besos de otra boca...
Si su amor fue flor de un día,
¿por qué causa es siempre mía
esta cruel preocupación?
Quiero por los dos mi copa alzar
para borrar mi obstinación...

¡Y más la vuelvo a recordar!

Nostalgias
de escuchar su risa loca
y sentir junto a mi boca,
como un fuego, su respiración.
Angustia
de sentirme abandonado,
de pensar que otro, a su lado,
pronto, pronto le hablará de amor.
Hermano,
yo no quiero rebajarme,
ni pedirle, ni llorarle,
ni decirle que no quiero más vivir...
Desde mi triste soledad veré caer
las rosas muertas de mi juventud.

Gime, bandoneón, tu tango gris;
quizás a ti te hiera igual
algún amor sentimental...
Llora mi alma de fantoche,
sola y triste en esta noche,
noche negra y sin estrellas...
Si las copas traen consuelo,
aquí estoy con mi desvelo
para ahogarlo de una vez.
Quiero emborrachar mi corazón
para después poder brindar
por los fracasos del amor.

Letra de Enrique Cadícamo[16]*. Música de Juan Carlos Cobián*

Nubes de humo
(Fume, compadre)

tango

Fume, compadre,
fume y charlemos;
y mientras fuma recordemos,
que como el humo del cigarrillo
ya se nos va la juventud.
Fume, compadre,
fume y recuerde;
que yo también recordaré.
Con el alma la quería,
y un negro día
la abandoné.

Voy sin poderla olvidar,
atormentao por la pena;
ella juró que era buena
y no la quise escuchar...
De nada sirve el guapear
cuando es honda la metida...
¡Pobrecita, mi querida;
toda la vida la he de llorar...!

Y ahora, compadre,
arrepentido
quiero olvidarla y no la olvido;
si hasta parece

que ella se mece
entre las nubes de humo azul...
Fume, compadre,
fume y soñemos;
quiero olvidar mi ingratitud,
al ver hoy que, como el humo,
se desvanece la juventud.

Letra de Manuel Romero
Música de Manuel Jovés

Padrino pelao

tango

¡Saraca, muchachos...! ¡Dequera, un casorio...!
¡Uy, Dio, qué de minas...! ¡Está todo alfombrao...!
Y aquellos pebetes, gorriones del barrio,
acuden gritando «*¡Padrino pelao!*».

El barrio alborotan con su algarabía,
y allí, en la vereda, se ve entre el montón
el rostro marchito de alguna pebeta
que ya para siempre perdió la ilusión.

Y así, por lo bajo, las viejas del barrio
comentan la cosa con admiración:
—¿Ha visto, señora...? ¡Qué poca vergüenza!
¡Vestirse de blanco, después que ha pecao!

Y un tano cabrero rezonga en la puerta,
porque a un compadrito manyó el estofao:
—¡Aquí, en esta casa, osté non me dentra;
me sun dado cuenta que osté es un colao...!

¡Saraca, muchachos...! ¡Gritemos más fuerte...!
¡Uy, Dio, qué amarrete...! ¡Ni un cobre ha tirao...!
¡Qué bronca, muchachos, se hizo el otario...!
¡Gritemos, Pulguita: «Padrino pelao...!».

Y aquella pebeta que está en la vereda
contempla con pena la novia pasar;
se llena de angustia su alma marchita
pensando que nunca tendrá el blanco ajuar.

Letra de Julio Alberto Cantuarias
Música de Enrique Pedro Delfino

Pasional

tango

No sabrás, nunca sabrás
lo que es morir mil veces de ansiedad;
no podrás nunca entender
lo que es amar y enloquecer.
Tus labios que queman, tus ojos que embriagan
y que torturan mi razón...
¡Sed que me hace arder

y que me enciende el pecho de pasión!
Estás clavada en mí, te siento en el latir
abrasador de mis sienes.
Te adoro cuando estás y te amo mucho más
cuando estás lejos de mí.
Así te quiero, dulce vida de mi vida...
Así te siento, sólo mía, siempre mía...
Tengo miedo de perderte,
de pensar que no he de verte...
¿Por qué esa duda brutal?
¿Por qué me habré de sangrar,
si en cada beso te siento desmayar?
Sin embargo me atormento,
porque en la sangre te llevo;
y en cada instante, febril y amante
quiero tus labios besar.
¿Que tendrás en tu mirar,
que cuando a mí tus ojos levantas
siento arder en mi interior
una voraz llama de amor?
Tus manos desatan caricias que me atan
a tus encantos de mujer...
¡Sé que nunca más
podré arrancar de mi pecho este querer!

Te quiero siempre así, estás clavada en mí
como una daga en la carne;
y ardiente y pasional, temblando de ansiedad
quiero en tus brazos morir.

Letra de Mario Soto. Música de Jorge Caldara

Percal

tango

Percal...
¿Te acuerdas del percal?
Tenías quince abriles,
anhelos de sufrir y amar,
de ir al Centro a triunfar
y olvidar el percal.
Percal...
Camino de percal...
Te fuiste de tu casa,
tal vez nos informamos mal;
sólo sé que al final
olvidaste el percal...

La juventud se fue,
tu casa ya no está;
y en el ayer, tirados
se han quedado,
acobardados,
tu percal y mi pasado...
La juventud se fue,
yo ya no espero más;
mejor, dejar perdidos
los anhelos
que no han sido
y el vestido de percal...

Llorar...
¿Por qué vas a llorar?
¿Acaso no has vivido?
¿Acaso no aprendiste a amar,
a sufrir, a esperar
y también a callar?
Percal...
Son cosas del percal
saber que estás sufriendo,
saber que sufrirás más
y saber que al final
no olvidaste el percal...

Percal...
Tristeza del percal...
de aquel canalla
que por su puerta
lo vio rondar.

Talán, talán, talán...
Se va el tranvía por Tucumán...
Pero al llegar cerca el Bajo
un auto abierto se ve cruzar,
en el que vuelve la desdichada
medio dopada de humo y champán.

El pobre viejo
la reconoce
y del tranvía
se va a largar,
pero hay amigos

que lo contienen.
Y el auto corre,
no se ve más...
¡Pobre Don Juan...!

Letra de Homero Expósito
Música de Domingo Federico

Por una cabeza

tango

Por una cabeza de un noble potrillo,
que justo en la raya afloja al llegar
y que al regresar parece decir:
—No olvidés, hermano, vos sabés, no hay que jugar...
Por una cabeza, metejón de un día
de aquella coqueta y burlona mujer,
que al jurar sonriendo el amor que está mintiendo,
quema en una hoguera todo mi querer.

¡Por una cabeza
todas las locuras...!
Su boca que besa
borra la tristeza,
calma la amargura...
¡Por una cabeza,
si ella me olvida,

qué importa perderme
mil veces la vida,
para qué vivir...!

¡Cuántos desengaños por una cabeza...!
Yo juré mil veces, no vuelvo a insistir;
pero si un mirar me hiere al pasar,
sus labios de fuego otra vez quiero besar.
¡Basta de carreras! ¡Se acabó la timba!
¡Un final reñido yo no vuelvo a ver!
Pero si algún pingo llega a ser fija el domingo,
yo me juego entero... ¡Qué le voy a hacer!

Letra de Alfredo Le Pera
Música de Carlos Gardel

Qué me van a hablar de amor

tango

Yo he vivido dando tumbos,
rodando por el mundo
y haciéndome el destino;
y en los charcos del camino
la experiencia me ha ayudado
por baqueano y porque ya
comprendo que en la vida
se cuidan los zapatos
andando de rodillas.

Por eso
m están sobrando los consejos;
que en las cosas del amor,
aunque tenga que aprender
nadie sabe más que yo...

Yo anduve siempre en amores,
¡qué me van a hablar de amor...!
Si ayer la quise, ¿qué importa?
¡Qué importa, si hoy no la quiero...!
Eran sus ojos de cielo,
el ancla más linda
que ataba mis sueños;
era mi amor, pero un día
se fue de mis cosas
y entró a ser recuerdo...
Después, rodé en mil amores...
¡Qué me van a hablar de amor!

Muchas veces el Invierno
me echó desde la Ausencia
la soga del Recuerdo,
y yo siempre me he soltado
como un potro mal domado,
por mañero y porque yo,
que anduve enamorado,
rompí como una rosa
las cosas del pasado.
Y ahora,
que estoy viviendo en otra aurora,
no me expliquen el amor,

que aunque tenga que aprender
nadie sabe más que yo...

Letra de Homero Expósito
Música de Héctor Stamponi

Que vachaché

tango

Piantá de aquí, no vuelvas en tu vida;
ya me tenés bien requeteamurada...
No puedo más pasarla sin comida
ni oírte así, decir tanta pavada...
¿No te das cuenta que sos un engrupido?
¿Te creés que al mundo lo vas a arreglar vos?
¡Si aquí ni Dios rescata lo perdido!
¿Qué querés vos? ¡Hacé el favor...!

Lo que hace falta es empacar mucha moneda,
vender el alma, rifar el corazón,
tirar al poca decencia que te queda,
plata, plata y plata, y plata otra vez...
Así es posible que morfés todos los días,
tengas amigos, casa, nombre, lo que quieras vos...
El verdadero amor se ahogó en la sopa;
la Panza es Reina y el Dinero es Dios.

¿Pero no ves, gilito embanderado,
que la razón la tiene el de más guita,
que la honradez la venden al contado
y a la moral la dan por moneditas?
¿Que no hay ninguna verdad que se resista
frente a dos pesos moneda nacional?
¡Vos resultás, haciendo el moralista,
un disfrazao sin carnaval!
¡Tirate al río, no embromés con tu conciencia!
Sos un secante que no hace ni reír...
Dame puchero, guardáte la decencia;
vento, mucho vento, ¡yo quiero vivir!
¿Qué culpa tengo si has piyao la vida en serio?
¡Pasás de otario, morfás aire y no tenés colchón!
¡Qué vachaché, si hoy ya murió el criterio;
vale Jesús lo mismo que el ladrón...!

Letra y música de Enrique Santos Discépolo

Rencor

tango

Rencor, mi viejo rencor,
dejame olvidar la cobarde traición;
no ves que no puedo más,
que ya me he secado de tanto llorar.
Deja que viva otra vez,
que olvide el dolor que ayer cacheteó;

rencor, yo quiero volver
a ser lo que fui, yo quiero vivir.
Este odio maldito que llevo en las venas
me amarga la vida como una condena;
el mal que me han hecho, esta herida abierta
que me inunda el pecho de rabia y de hiel.
La odian mis ojos, porque la miraron,
mis labios la odian porque la besaron,
la odio con todas las fuerzas de mi alma
y es tan fuerte mi odio como fue mi amor.
Rencor, mi viejo rencor,
no quiero sufrir esta pena sin ti;
si ya te has muerto en mi ser.
Ya sé que fue vil y fue cruel su traición,
y por eso, viejo rencor,
déjame vivir por lo que sufrí.
Dios quiera que un día la encuentre en la vida
llorando vencida su triste pasado,
para echarle encima todo este desprecio
que llena mi vida de amargo rencor;
la odio por el daño de mi amor deshecho
y, por una duda que me escarba el pecho...
no repitas nunca lo que voy a decirte...
rencor.... tengo miedo de que seas amor.

Letra de Luis César Amadori
Música de Charlo

Romance de barrio

tango

Primera la cita lejana de abril,
tu oscuro balcón, tu antiguo jardín.
Más tarde las cartas de pulso febril
mintiendo que no, jurando que sí.
Romance de barrio tu amor y mi amor.
Primero un querer, después un dolor,
por culpas que nunca tuvimos,
por culpas que debimos sufrir los dos.
Hoy vivirás
despreciándome, tal vez sin soñar
que lamento al no poderte tener
el dolor de no saber olvidar.
Hoy estarás
como nunca lejos mío,
lejos de tanto llorar.
Fue porque sí,
que el despecho te cegó como a mí,
sin mirar que en el rencor del adiós
castigabas con crueldad tu corazón.
Fue porque sí
que de pronto no supimos pensar,
que más fácil renegar y partir
que vivir sin olvidar.
Ceniza del tiempo la cita de abril,
tu oscuro balcón, tu antiguo jardín,
las cartas trazadas con mano febril,

mintiendo que no, jurando que sí.
Retornan vencidas tu voz y mi voz
trayendo al volver con tonos de horror,
las culpas que nunca tuvimos,
las culpas que debimos pagar los dos.

Letra de Homero Manzi
Música de Aníbal Troilo

Rondando tu esquina

tango

Esta noche tengo ganas de buscarla,
de borrar lo que ha pasado y perdonarla...
Ya no me importa el que dirán,
ni de las cosas que hablarán;
total, la gente siempre habla...
Yo no pienso más que en ella a toda hora...
Es terrible esta pasión devoradora...
¡Y ella siempre sin saber,
sin siquiera sospechar
mis deseos de volver!

¿Qué me has dado, vida mía,
que ando triste noche y día?
Rondando siempre tu esquina,
mirando siempre tu casa...
¡Y esta pasión que lastima,

y este dolor que no pasa...!
¿Hasta cuándo iré sufriendo
el tormento de este amor...?

Este pobre corazón, que no la olvida,
me la nombra con los labios de su herida;
y ahondando más su sinsabor,
la mariposa del dolor
cruza en la noche de mi vida...
¡Compañeros, hoy es noche de verbena...!
Sin embargo, yo no puedo con mi pena,
y al saber que ya no está,
solo, triste y sin amor
me pregunto sin cesar...

Letra de Enrique Cadícamo
Música de Charlo

Seguí mi consejo

tango

Rechiflate del laburo, no trabajes pa' los ranas.
Tirate a muerto y vivila como la vive un bacán.
Cuidate del *surmenage*, dejate de hacer macanas.
Dormila en colchón de plumas y morfala con champán.
Atorrá las doce horas cuando el sol esté a la vista.
Vivila siempre de noche, porque eso es de «gente bien».
Tirale el lente a las minas que ya estén comprometidas,
pa' que te salgan de arriba y no cuesten tovén.

Si vas a los bailes, parate en la puerta,
campaneá las minas que sepan bailar.
No saqués paquetes que dan pisotones,
¡que sufran y aprendan, a fuerza 'e planchar!
Aprendé de mí, que ya estoy jubilado.
No vayás al puerto, te podés tentar:
hay mucho laburo, te rompés el lomo
y no es de hombre pierna ir a trabajar.
No vayás a lecherías a piyar café con leche.
Morfate tus pucheretes en el viejo Tropezón,
y si andás sin medio encima, cantale «*¡Fiao...!*»
/a algún mozo
en una forma muy digna, pa' evitarte un papelón.
Refrescos, limones, chufas: no los tomés
/ni aún en broma.
Piantale a la leche, hermano, que eso arruina el corazón.
Mandate tus buenas cañas, hacete amigo del whisky
y antes de morfar rociate con unos cuantos pernós.

Letra de Eduardo Salvador Trongé
Música de Salvador Merico

Siga el corso

tango

Esa colombina
puso en sus ojeras
humo de la hoguera

de su corazón...
Aquella Marquesa
de la risa loca
se pintó la boca
por besar a un *clown*...
Cruza del palco hasta el coche
la serpentina nerviosa y fina
como un pintoresco broche
sobre la noche del carnaval...

Te quiero conocer, saber a dónde vas,
alegre Mascarita que me gritas al pasar:
«Adiós, adiós, adiós...». «¿Quién sos, a dónde vas...?».
«Yo soy la misteriosa mujercita de tu afán...».
No finjas más la voz, abajo el antifaz,
tus ojos por el corso van buscando mi ansiedad...
Descúbrete, por fin; tu risa me hace mal...
¡Detrás de tus desvíos todo el año el carnaval!

Con sonora burla
truena la corneta
de una pizpireta
dama de organdí,
y entre grito y risa,
linda Maragata,
jura que la mata
la pasión por mí...
Bajo los chuscos carteles
pasan los fieles
del Dios Jocundo

y le van prendiendo al mundo
sus cascabeles de carnaval...

Letra de Francisco García Jiménez
Música de Anselmo Alfredo Aieta

Silencio

tango

Silencio en la noche, ya todo está en calma;
el músculo duerme, la ambición descansa...
Meciendo una cuna, una madre canta
un canto querido que llega hasta el alma,
porque en esa cuna está su esperanza.

Eran cinco hermanos, ella era una santa;
eran cinco besos que cada mañana
rozaban, muy tiernos, las hebras de plata
de esa viejecita de canas muy blancas.
Eran cinco hijos que al taller marchaban.
Silencio en la noche, ya todo está en calma;
el músculo duerme, la ambición trabaja...
Un clarín se oye, peligra la Patria,
y al grito de «¡Guerra!» los hombres se matan
cubriendo de sangre los campos de Francia.

Hoy todo ha pasado, florecen las plantas;
un himno a la vida los arados cantan.

Y la viejecita de canas muy blancas
se quedó muy sola con cinco medallas,
que por cinco héroes la premió la patria.

Silencio en la noche, ya todo está en calma;
el músculo duerme, la ambición descansa...
Un coro lejano de madres que cantan
mecen en sus cunas nuevas esperanzas.
Silencio en la noche. Silencio en las almas.

Letra y música de Alfredo Le Pera, Carlos Gardel y Horacio Pettorossi

Si soy así

tango

Si soy así,
¿qué voy a hacer?
Nací buen mozo y embalao para el querer.
Si soy así,
¿qué voy a hacer?
Con las mujeres no me puedo contener.
Por eso tengo la esperanza que algún día
me toqués la sinfonía
de que ha muerto tu ilusión.
Si soy así,
¿qué voy a hacer?
Es el destino que me arrastra a serte infiel.

Donde veo una pollera
no me fijo en el color;
las viuditas, las casadas o solteras,
para mí son todas peras
en el árbol del amor.
Y si las miro coquetonas por la calle,
con sus ojos tan porteños
y su talle cimbrador,
les acomodo el camuflaje
de un piropo de mi flor.

Si soy así,
¿qué voy a hacer?
Pa' mí la vida tiene forma de mujer.
Si soy así,
¿qué voy a hacer?
Es Juan Tenorio que hoy ha vuelto a renacer.
Por eso, nena, no hagas caso de este loco
que no asienta más el coco,
y olvidá tu metejón...
Si soy así,
¿qué voy a hacer?
Tengo una esponja donde el cuore hay que tener.

Letra de Antonio Botta
Música de Francisco Juan Lomuto

Sueño de barrilete

tango

Desde chico ya tenía en el mirar
esa loca fantasía de soñar...
Fue mi sueño de purrete
ser igual que un barrilete
que, elevándose entre nubes,
con un viento de esperanza
sube y sube...
Y crecí en ese mundo de ilusión
y escuché sólo a mi propio corazón,
mas la vida no es juguete
y el lirismo es un billete
sin valor...

Yo quise ser un barrilete
buscando altura en mi ideal,
tratando de explicarme que la vida es algo más
que un simple plato de comida.
Y he sido igual que un barrilete
al que un mal viento puso fin...
No sé si me falló la fe, la voluntad,
o acaso fue que me faltó piolín...

En amores sólo tuve decepción...
Regalé por no vender mi corazón...
Hice versos olvidando
que la vida sólo es prosa

dolorida, que va ahogando
lo mejor y abriendo heridas...
¡Ay, la vida...!
Hoy me aterra este cansancio final...
¡Se hizo trizas mi sonrisa, mi ideal...!
Cuando miro un barrilete
me pregunto: «Aquel purrete,
¿dónde está...?».

Letra y música de Eladia Blázquez

Sur

tango

San Juan y Boedo antiguo, y todo el cielo...
Pompeya y más allá la inundación...
Tu melena de novia en el recuerdo
y tu nombre flotando en el adiós...
La esquina del herrero, barro y pampa;
tu casa, tu vereda y el zanjón,
y un perfume de yuyos y de alfalfa
que me llena de nuevo el corazón...

Sur,
paredón y después...
Sur,
una luz de almacén...

Ya nunca me verás como me vieras,
recostado en la vidriera,
esperándote...
Ya nunca alumbraré con las estrellas
nuestra marcha sin querellas
por las noches de Pompeya...
Las calles y la luna suburbana
y mi amor en tu ventana...
Todo ha muerto, ya lo sé...

San Juan y Boedo antiguo, cielo perdido...
Pompeya, y al llegar al terraplén,
tus veinte años temblando de cariño
bajo el beso que entonces te robé...
Nostalgia de las cosas que han pasado...
Arena que la vida se llevó...
Pesadumbre de barrios que han cambiado
y amargura del sueño que murió...

Letra de Homero Manzi
Música de Aníbal Troilo

Sus ojos se cerraron

tango

Sus ojos se cerraron y el mundo sigue andando.
Su boca, que era mía, ya no me besa más.
Se apagaron los ecos de su reír sonoro

y es cruel este silencio, que me hace tanto mal.
Fue mía la piadosa dulzura de sus manos
que dieron a mis penas caricias de bondad.
Y ahora, que la evoco hundido en mi quebranto,
las lágrimas trenzadas se niegan a brotar
y no tengo el consuelo de poder llorar.

¿Por qué sus alas, tan cruel, quemó la vida?
¿Por qué esta mueca siniestra de la suerte?
Quise abrigarla y más pudo la Muerte...
¡Cómo me duele y se ahonda mi herida...!
Yo sé que ahora vendrán caras extrañas
con su limosna de alivio a mi consuelo;
todo es mentira, mentira ese lamento,
hoy está solo mi corazón...

Como perros de presa, las penas traicioneras
celando mi cariño galopaban detrás;
y escondida en las aguas de su mirada buena,
la Muerte agazapada marcaba su compás.
En vano yo alentaba, febril, una esperanza;
clavó en mi carne viva sus garras el dolor...
Y mientras, en las calles, en loca algarabía
el Carnaval del mundo gozaba y se reía,
¡burlándose, el Destino me robó su amor!

Letra de Alfredo Le Pera
Música de Carlos Gardel

Tarde

tango

De cada amor que tuve, tengo heridas,
heridas que no cierran y sangran todavía.
Error de haber querido ciegamente
matando inútilmente la dicha de mis días.
Tarde me di cuenta que al final se vive igual
fingiendo...
Tarde comprobé que mi ilusión se destrozó
queriendo...
¡Pobre amor que está sufriendo
la amargura más tenaz!
Y ahora que no es hora para nada
tu boca enamorada me incita una vez más.
Y aunque quiera quererte ya no puedo,
porque dentro del alma tengo miedo.
Tengo miedo que se vuelva a repetir
la comedia que me ha hundido en el vivir.
Todo lo que di,
todo lo perdí...
Siempre puse el alma entera
de cualquier manera
soportando afrentas
y al final de cuentas
me quedé sin fe.
De cada amor que tuve, tengo heridas
heridas que no cierran y sangran todavía.
Error de haber querido ciegamente
perdido en un torrente de burlas y mentiras.

Voy en mi rodar sin esperar ni buscar amores...
Ya murió el amor porque el dolor le destrozó sus
flores...
y aunque hoy llores y me implores
mi ilusión no ha de volver.
¡No ves que ya la pobre está cansada,
desecha y maltratada por tanto padecer!

Letra y música de José Canet

Tengo miedo

tango

En la timba de la vida me planté con siete y medio,
siendo la única parada de la vida que acerté;
yo ya estaba en la pendiente de la ruina sin remedio,
pero un día dije: «¡Planto...!», y ese día me planté...
Yo dejé la barra rea de la eterna caravana;
me aparté de la milonga y su rante berretín.
Con lo triste de mi noche hice una hermosa mañana;
cementerio de mi vida convertido en un jardín.

Garçonnière, carreras, timbas, copetines de viciosos,
y cariños pasajeros, besos falsos de mujer;
todo enterré en el olvido del pasado bullicioso
por el cariño más grande que un hombre pueda tener.
Hoy, ya ves, estoy tranquilo; por eso es que, buenamente,
te suplico que no vengas a turbar mi dulce paz...

Que me dejes con mi madre, que a su lado, santamente,
edificaré otra vida, ya que me siento capaz...

¡Te suplico que me dejes, tengo miedo de encontrarte,
porque hay algo en mi existencia que
/no te puede olvidar...!
Tengo miedo de tus ojos, tengo miedo de besarte,
tengo miedo de quererte y de volver a empezar...
Sé buenita, no me busques; apartate de mi senda...
Tal vez en otro cariño encontrés tu redención...
Vos sabés que yo no quiero que mi chamuyo te ofenda,
¡es que tengo mucho miedo que me falle el corazón...!

Letra de Celedonio Flores
Música de José María Aguilar

Tiempos viejos (Te acordás, hermano)

tango

¿Te acordás, hermano, qué tiempos aquellos...?
Eran otros hombres, más hombres los nuestros.
No se conocía coca ni morfina;
los muchachos de antes no usaban gomina...
¿Te acordás, hermano, qué tiempos aquellos...?
Veinticinco abriles que no volverán...
¡Veinticinco abriles! ¡Volver a tenerlos!
¡Si cuando me acuerdo me pongo a llorar...!

¿Dónde están los muchachos de entonces?
Barra antigua de ayer, ¿dónde están?
Yo y vos solo quedamos, hermano;
yo y vos solo, para recordar...
¿Te acordás, las mujeres aquellas,
minas fieles de gran corazón
que en los bailes de Laura peleaban,
cada cual defiendo su amor...?

¿Te acordás, hermano, la Rubia Mireya
que quité en lo de Hansen al guapo Rivera?
¡Casi me suicido una noche por ella,
y hoy es una pobre mendiga harapienta...!
¿Te acordás, hermano, lo linda que era?
¡Se formaba rueda pa' verla bailar!
Cuando por la calle la veo tan vieja,
doy vuelta la cara y me pongo a llorar...

Letra de Manuel Romero
Música de Francisco Canaro

Tinta roja

tango

Paredón,
tinta roja en el gris del ayer;
tu emoción de ladrillo, feliz
sobre mi callejón,

con un borrón
pintó la esquina
y al botón
que en el ancho de la noche
puso al filo de la ronda
como un broche...
Y aquel buzón carmín
y aquel fondín,
donde lloraba el tano
su rubio amor lejano
que mojaba con *bon vin*...
¿Dónde estará mi arrabal?
¿Quién se robó mi niñez?
¿En qué rincón, luna mía,
volcás, como entonces,
tu clara alegría?
Veredas que yo pisé...
Malevos que ya no son...
Bajo tu cielo de raso
trasnocha un pedazo
de mi corazón.

Letra de Cátulo Castillo
Música de Sebastián Piana

Toda mi vida

tango

Hoy, después de tanto tiempo
de no verte, de no hablarte;
ya cansado de buscarte,
siempre, siempre...
Siento que me voy muriendo
por tu olvido, lentamente;
y en el frío de mi frente,
tus besos no dejarás...

Sé que mucho me has querido
tanto, tanto como yo...
Pero, en cambio, yo he sufrido
mucho, mucho más que vos...
No sé por qué te perdí,
tampoco sé cuándo fue,
pero a tu lado dejé
toda mi vida;
y hoy, que estás lejos de mí
y has conseguido olvidar,
soy un pasaje de tu vida,
nada más...

¡Es tan poco lo que falta
para irme con la muerte!
Ya mis ojos no han de verte
nunca, nunca...

Y si un día por culpa mía
una lágrima vertiste,
porque tanto me quisiste
sé que me perdonarás.

Letra de José María Contursi
Música de Aníbal Troilo

Tomo y obligo

tango

Tomo y obligo; mándese un trago,
que hoy necesito el recuerdo matar...
¡Sin un amigo, lejos del pago,
quiero en su pecho mi pena volcar!
Beba conmigo, y si se empaña
de vez en cuando mi voz al cantar,
no es que la llore porque me engaña,
yo sé que un hombre no debe llorar...

Si los pastos conversaran, esta Pampa le diría
con qué fiebre la quería, de qué modo la adoré...
¡Cuántas veces de rodillas, tembloroso, yo me he hincado
bajo el árbol deshojado donde un día la besé...!
Y hoy, al verla envilecida, a otros brazos entregada,
fue pa' mi una puñalada, y de celos me cegué...
Y le juro: ¡Todavía no consigo convencerme,
cómo pude contenerme y ahí no más no la maté!

Tomo y obligo; mándese un trago,
de las mujeres mejor no hay que hablar.
Todas, amigo, dan muy mal pago
y hoy mi experiencia se lo puede afirmar.
Siga un consejo: no se enamore...
Y si una vuelta le toca hocicar,
¡Fuerza, canejo! ¡Sufra y no llore,
que un hombre macho no debe llorar!

Letra de Manuel Romero
Música de Carlos Gardel

Trenzas

tango

Trenzas,
seda dulce de tus trenzas,
luna en sombra de tu piel
y de tu ausencia...
Trenzas que me ataron en el yugo de tu amor,
yugo casi blando de tu risa y de tu voz.
Fina
caridad de mi rutina,
me encontré tu corazón
en una esquina...
Trenzas
de color de mate amargo,
que endulzaron mi letargo gris...

¿Adónde fue tu amor de flor silvestre?
¿Adónde, a dónde fue después de amarte?
Tal vez mi corazón tenía que perderte
y así mi soledad se agranda por buscarte...
¡Y estoy llorando así,
cansado de llorar;
trenzado a tu vivir
con trenzas de ansiedad,
sin ti...!
¿Por qué tendré que amar
y al fin partir?
Pena,
vieja angustia de mi pena,
frase trunca de tu voz
que me encadena...
Pena que me llena de palabras sin rencor,
llama que te llama con la llama del amor.
Trenzas,
seda dulce de tus trenzas,
luna en sombra de tu piel
y de tu ausencia...
Trenzas,
nudo atroz de cuero crudo,
que me ataron a tu mudo adiós...

Letra de Homero Expósito
Música de Armando Pontier

Uno

tango

Uno busca lleno de esperanzas
el camino que los sueños
prometieron a sus ansias.
Sabe que la lucha es cruel y es mucha,
pero lucha y se desangra
por la fe que lo empecina.
Uno va arrastrándose entre espinas,
y en su afán de dar su amor
sufre y se destroza, hasta entender
que uno se ha quedao sin corazón.
Precio de castigo que uno entrega
por un beso que no llega
o un amor que lo engañó;
vacío ya de amar y de llorar
tanta traición...

Si yo tuviera el corazón,
el corazón que di;
si yo pudiera, como ayer,
querer sin presentir...
Es posible que a tus ojos,
que hoy me gritan su cariño,
los cerrara con mis besos
sin pensar que eran como esos
otros ojos, los perversos,
los que hundieron mi vivir...

Si yo tuviera el corazón,
el mismo que perdí;
si olvidara a la que ayer
lo destrozó y pudiera amarte...
Me abrazaría a tu ilusión
para llorar tu amor...

Pero Dios te trajo a mi destino
sin pensar que ya es muy tarde
y no sabré cómo quererte.
Déjame que llore como aquél
que sufre en vida la tortura
de llorar su propia muerte.
Pura como sos, habrías salvado
mi esperanza con tu amor.
Uno está tan solo en su dolor...
Uno está tan ciego en su penar...
Pero un frío cruel, que es peor que el odio,
punto muerto de las almas,
tumba horrenda de mi amor,
maldijo para siempre y me robó
toda ilusión...

Letra de Enrique Santos Discépolo
Música de Mariano Mores

Ventanita florida

tango

Fue una noche clara
que alumbraba tan sólo el lucero...
Junto a mi humilde ventana,
—*Te juro* (decía), mi amor es eterno...
Yo le di mi vida
y entre dulces promesas se fue.
Sola y conmovida
a la reja mi amor le confié.
Ventanita florida
de mi vieja tapera,
en tu reja prendida está
mi tímida ilusión...
Al abrirte contemplo
un jardín de esperanza,
ventanita, y te cierro al fin
cantando por mi amor.
Pero fue mentira
su promesa de amor duradero.
Desde que vino el invierno
una noche tras otra yo en vano la espero.
Ya ni la esperanza
va quedando de verlo volver...
¡Tanto que lo quise...!
¿Para qué me engañó, para qué...?
Ventanita florida
de mi vieja tapera,

en tu reja marchita está
la flor de su traición...
Al abrirte, la noche
hasta el alma me hiela,
ventanita, y te cierro al fin
llorando por mi amor.

Letra de Luis César Amadori
Música de Enrique Pedro Delfino

Vida mía

tango

Siempre igual es el camino
que ilumina y dora el sol...
Si parece que el destino
más lo alarga
para mi dolor.
Y este verde suelo,
donde crece el cardo,
lejos toca el cielo
cerca de mi amor...
Y de cuando en cuando un nido
para que lo envidie yo.
Vida mía,
lejos más te quiero.
Vida mía,
piensa en mi regreso.

Sé que el oro no tendrá tus besos
y es por eso que te quiero más.
Vida mía,
hasta apuro el aliento
acercando el momento
de acariciar
felicidad.
Sos mi vida
y quisiera llevarte
a mi lado prendida
y así ahogar
mi soledad.
Ya parece que la huella
va perdiendo su color
y saliendo las estrellas
san al cielo
todo su esplendor.
Y de poco a poco
luces que titilan
dan severo tono
mientras huye el sol.
De esas luces que yo veo
ella una la encendió.

Letra de Emilio Fresedo
Música de Osvaldo Fresedo

Viejo ciego (El ciego del violín)

tango

Con un lazarillo llegás por las noches
trayendo las quejas del viejo violín,
y en medio del humo parece un fantoche
tu rara silueta de flaco rocín.
Puntual parroquiano, tan viejo y tan ciego,
al ir destrenzando tu eterna canción,
ponés en las almas recuerdos añejos
y un poco de pena mezclás al alcohol.

El día en que se apaguen
tus tangos quejumbrosos
tendrá crespones de humo
la luz del callejón,
y habrá en los naipes sucios
un sello misterioso
y habrá en las almas simples
un poco de emoción...
El día en que no se oiga
la voz de tu instrumento,
cuando dejés los huesos
debajo de un portal,
los bardos jubilados
sin falso sentimiento
con una *canzoneta*
te harán el funeral.

Parecés un verso del loco Carriego;
parecés el alma del mismo violín...
Puntual parroquiano, tan viejo y tan ciego,
tan lleno de pena, tan lleno de *spleen*...
Cuando oigo tus notas me invade el recuerdo
de aquella muchacha de tiempo atrás...
¡A ver, viejo ciego, tocá un tango lerdo,
muy lerdo y muy triste, que quiero llorar...!

Letra de Homero Manzi
Música de Sebastián Piana y Cátulo Castillo

Volver

tango

Yo adivino el parpadeo
de las luces que a lo lejos
van marcando mi retorno.
Son las mismas que alumbraron
con sus pálidos reflejos
hondas horas de dolor.
Y aunque no quise el regreso,
siempre se vuelve al primer amor.
La quieta calle, donde un eco dijo:
«Tuya es su vida, tuyo es su querer»,
bajo el burlón mirar de las estrellas
que con indiferencia hoy me ven volver...

Volver
con la frente marchita,
las nieves del tiempo
platearon mi sien...
Sentir
que es un soplo la vida,
que veinte años no es nada,
que febril al mirada
errante en las sombras
te busca y te nombra...
Vivir
con el alma aferrada
a un dulce recuerdo
que lloro otra vez.

Tengo miedo del encuentro
con el pasado que vuelve
a enfrentarse con mi vida;
tengo miedo de las noches
que, pobladas de recuerdos,
encadenan mi soñar...
¡Pero el viajero que huye
tarde o temprano detiene su andar!
Y aunque el olvido, que todo destruye,
haya matado mi vieja ilusión,
guardo escondida una esperanza humilde
que es toda la fortuna de mi corazón.

Letra de Alfredo Le Pera
Música de Carlos Gardel

Volvió una noche

tango

Volvió una noche... No la esperaba...
Había en su rostro tanta ansiedad
que tuve pena de recordarle
su felonía y su crueldad.
Me dijo humilde: "Si me perdonas
el tiempo viejo otra vez vendrá,
la primavera es nuestra vida,
verás que todo nos sonreirá...".

«Mentira, mentira», yo quise decirle;
las horas que pasan ya no vuelven más,

y así, mi cariño, al tuyo enlazado,
es sólo un fantasma del viejo pasado
que ya no se puede resucitar...
Callé mi amargura y tuve piedad;
sus ojos azules muy grandes se abrieron.
Mi pena inaudita pronto comprendieron
y con una mueca de mujer vencida
me dijo: «Es la vida...». Y no la vi más.

Volvió una noche... Nunca la olvido,
con la mirada triste y sin luz,
y tuve miedo de aquel espectro
que fue locura en mi juventud.
Se fue en silencio, si un reproche;

busqué un espejo y me quise mirar...
¡Había en mi frente tantos inviernos
que también ella tuvo piedad!

Letra de Alfredo Le Pera
Música de Carlos Gardel

Whisky

tango

Yo sé que llorás por ella,
que estás enfermo de amor
y que no encontrás el beso
ni tan puro, ni tan dulce
como el que ella te dio;
yo sé que te estás matando
como un gil el corazón...
Lo sé porque lo he vivido
y, clavao en carne propia,
llevo tu mismo dolor.
¡Flojo! ¿Pa' qué andás penando?
¡Flojo! ¡Cantále y viví!
¡Dále, que el mundo es un carro
tirao por los sonsos
que quieren así!
¡Vamos! ¿No ves que ella ríe?
¡No es de este siglo llorar!

¡Vamos, mandate otro whisky;
total, la guadaña
nos va a hacer sonar!

Yo sé que del cuarto tuyo
vos arrancarla querés,
pero en cada rinconcito
flota algún recuerdo suyo
y entra en tu alma otra vez...
Lo sé porque de esos males
yo también sufro con vos,
pero es mejor que los calle,
porque en vez de consolarnos
vamos a llorar los dos...

Letra y música de Héctor Marcó

Yira, yira[17]

tango
Cuando la suerte, que es grela,
fallando y fallando
te largue parao...
Cuando estés bien en la vía,
sin rumbo, desesperao...
Cuando no tengas ni fe,
ni yerba ni ayer
secándose al sol...
Cuando rajés los tamangos

buscando ese mango
que te haga morfar...
La indiferencia del mundo
que es sordo y es mudo,
recién sentirás.

Verás que todo es mentira,
verás que nada es amor...
Que al mundo nada le importa...
Yira... Yira...
Aunque te quiebre la vida,
aunque te muerda un dolor,
no esperes nunca una ayuda,
ni una mano, ni un favor...

Cuando estén secas las pilas
de todos los timbres
que vos apretás,
buscando un pecho fraterno
para morir abrazao...
Cuando te dejen tirao
después de cinchar,
lo mismo que a mí...
Cuando manyés que a tu lado
se prueban la ropa
que vas a dejar...
¡Te acordarás de este otario
que un día, cansado,
se puso a ladrar!

Letra y música de Enrique Santos Discépolo

Yuyo verde

tango

Callejón... Callejón...
Lejano... Lejano...
Íbamos prendidos de la mano
bajo un cielo de verano,
soñando en vano...
Un farol... Un portón...
¡Igual que un tango!
Y los dos perdidos de la mano
bajo el cielo de verano,
que partió...

Déjame que llore crudamente
con el llanto viejo del adiós;
adonde el callejón se pierde
brotó este yuyo verde
del perdón.
Déjame que llore y te recuerde,
trenzas que me anudan al portón;
de tu país ya no se vuelve
ni con el yuyo verde
del perdón.

¿Dónde estás...? ¿Dónde estás...?
¿Adónde te has ido...?

¿Dónde están las plumas de mi nido,
la emoción de haber vivido
y aquel cariño...?
Un farol... Un portón...
¡Igual que en un tango!
Y este llanto mío entre mis manos,
y este cielo de verano,
que partió...

Letra de Homero Expósito
Música de Domingo Federico

Notas

1. *En Europa, circuló algún tiempo como obra de Eduardo Vicente Bianco. Tiene una versión en inglés, de Dorcas Cochran.*

2. *Atribuida a Horacio Pettorossi.*

3. *Posteriormente, con la letra censurada fue* Mi cuartito.

4. *Hay otras dos anteriores: una de Ángel Gregorio Villoldo y otra de Juan Carlos Marambio Catán.*

5. *Gardel lo graba como* Pobre paica.

6. *Incorrectamente adjudicada a Enrique Cadícamo en algunos estudios.*

7. *En realidad, el tango se llama* Si supieras.

8. *Hay otra, de Gerardo Hernán Matos Rodríguez; y otra más, de Alejandro del Campo. Se publicó, además, una versión en inglés, con versos de Olga Paul.*

9. *Con la primera letra fue* Los dopados*; durante la censura, en 1943, fue* En mi pasado.

10. *Hay otra anterior, de Raúl Doblas y Alberto T. Weisbach.*

11. *Anteriormente, con otra letra, se llamó* El romántico fulero.

12. *La anterior es de Carlos Schaeffer Gallo.*

13. *Incorrectamente atribuida, a veces, a su hermano Arturo Vicente de Bassi.*

14. *Nació como un tango instrumental, con el título de* Lita. *Contursi llamó*

primero a su letra Percanta que me amuraste.

15. Tiene otra letra de Alicia Contursi, su hija.

16. Hay otra anterior, de un tal Sepúlveda.

17. Se iba a llamar Cuando te apaguen la vela.

Autores

Amadori, Luis César: director cinematográfico, actor y compositor. Nació en Pescara, Italia, en el año 1902, y se radicó en Argentina cuando era muy pequeño. Compuso numerosos tangos, entre los que se cuentan: «Viejas alegrías», «Olvido», «Cobardía», «Rencor», «Confesión» y «Vendrás alguna vez».

Battistella Zoppi, Mario: letrista y autor teatral. Nació en Italia, en Monforte, cerca de Verona.
Escribió con colaboración de Alfredo Le Pera las letras de «Melodía de arrabal», «Cuando tú no estás» y «Me da pena confesarlo». Es autor de «No aflojés», con música de Pedro Maffia; y de «Remembranzas», con Melfi. Sin duda su tema más reconocido fue «Cuartito Azul», estrenado en 1938, con música de Mariano Mores.

Blázquez, Eladia: ver «Compositores».

Blomberg, Hector Pedro: autor, poeta y periodista. Nació en Buenos Aires el 18 de mayo de 1890 y falleció el 3 de abril de 1955.
Escribió composiciones como «La pulpera de Santa Lucía», «La viajera perdida», «La que murió en París», «Violín gitano»", «El adiós de Gabino Ezeiza» y muchas otras más. Es autor de múltiples piezas teatrales, muchas de ellas escritas en colaboración con Elías Alippi.

Botta, Antonio: poeta y autor teatral, nació en San Pablo (Brasil) el 10 de diciembre de 1896 y falleció en Buenos Aires el 10 de mayo de 1969.
Algunos títulos: «¡A divertirse muchachos!», «¡Esto es Buenos Aires!», «El cañón», «Gringo pero buen sastre», «La parada 33», «"Argentinas en Sevilla», «La patria del tango», «Gramilla brava», «La solterona del barrio», «Duraznito de la Virgen», «El vuelo de la cigüeña», «El cantar de los tangos», «¡Que pena me da el finao!», «Veranito de San Juan», «El sueño del peludo», «La cosa es no trabajar», «La mujer es peligrosa», «¡Todo por casarme en martes!», «Pabellón N° 4», «¡No se jubile, don Pancho!», «Muerte rea», «Las andanzas de un ropero», «Fascismo casero».

Cadícamo, Enrique: poeta y compositor. Nació con el siglo, el 15 de julio de 1900 y falleció en Buenos Aires el 3 de diciembre de 1999, a la edad de 99 años. Compuso con el seudónimo de Rosendo Luna. Muchos de sus temas los realizó en sociedad con Juan Carlos Cobián. Se convertiría en el compositor preferido del Zorzal. Gardel le grabó 23 temas entre 1925 y 1933. Entre sus composiciones se pueden destacar: «Al mundo le falta un tornillo», «Rubí», «Tres esquinas», «Tres amigos», «La he visto llorar», «Almita herida», etc. Publicó tres poemarios: «Canciones grises» (1926), «La luna del bajo fondo» (1940), «Viento que lleva y trae» (1945).

Canet, José: guitarrista, compositor y letrista argentino. Nació en 1915 y falleció el 10 de marzo de 1984.
Su debut se produjo acompañando al cantor Santiago Devin y más tarde a Alberto Gomez. En 1959 integró el Quinteto Garufa junto al cantor Héctor Alvarado. También actuaba como guitarrista acompañando a Jorge Vidal, Alberto Marino, Oscar Alonso y Nelly Omar. Fue autor de tangos tan famosos como «La abandoné y no sabía» (1943); «Hoy al recordarla» (1945), «Y dicen que no te quiero» (1947); «Tarde» (1947), «Los cosos de al lao», con música de Marcos Larrosa; los valses «Antes» y «Me besó y se fue», etcétera.

Cantuarias, Julio Alberto: poeta, nació en Buenos Aires (Santa Rita) el 20 de marzo de 1904 y falleció en Escobar (Buenos Aires) el 12 de agosto de 1981. Como autor de canciones se inició en el año 25, con el tango «Uno Más» que lleva música de su hermano Juan Cantuarias, bandoneonista. En total registró unas treinta canciones, como: «Vieja Calesita», «Del Fogón» (éste creado por Agustín Magaldi), con música de Enrique Mónaco y el famoso «¡Padrino Pelao!» musicado por Enrique Delfino.

Castaña, Cacho: ver «Compositores».

Castillo, Catulo (Ovidio Cátulo González Castillo): nació el 6 de agosto de 1906 y falleció el 19 de octubre de 1975.
Poeta y pianista, al finalizar la década del 30 abandonó la composición para dedicarse a escribir letras. Tal vez su obra más difundida sea "María", con música de Aníbal Troilo, que éste dio a conocer en 1945 con su orquesta y el cantor Fiorentino. Compuso «El aguacero», «Viejo ciego», «Acuarelita de arrabal», «El

circo se va», «Corazón de papel», «La última curda», «Aquella cantina de la ribera», «Caminito del taller», «Silbando», «A Homero» y «El patio de la morocha».

Contursi, José María: hijo de Pascual Contursi, nació en Buenos Aires el 31 de diciembre de 1911 y murió el 11 de mayo de 1972, en Capilla del Monte, Córdoba.
En 1933 trabajó en la Radio Stentor como locutor y resultó ser, en distintos diarios, crítico cinematográfico. Fue el mayor poeta del tango y su primera obra se tituló: «Tu nombre» con música de Raúl Portolés en 1933. Algunas de sus composiciones fueron «Esclavo», «Frío», «Como aquella princesa», producidas con Joaquín Mora. También compuso con Pichuco «Evocándote», «Y no puede ser», «Mi tango triste», «Grisell», «Cada vez que me recuerdes», «Cristal», con Mores. Otros músicos que trabajaron con él son Di Sarli, Tinelli, Charlo, Lamuto, Pontier, Rodio, Fresedo, entre otros.

Contursi, Pascual: Pascual Contursi nació en Chivilcoy, provincia de Buenos Aires, en el año 1888, y falleció el 29 de mayo de 1932.
Comenzó como cantante agregándole letra a temas famosos, como: «El flete», de Vicente Greco, y «El Matasanos», de Francisco Canaro. Pero recién se dio a conocer cuando le puso letra al tango de Samuel Castriota, «Lita», titulándolo como «Mi noche triste». Algunas de sus composiciones fueron «De vuelta al bulín», «La han visto con otro», «Flor de Fango», «Ventanita de arrabal» y «El motivo».

Coria Peñaloza, Gabino: poeta nacido en La Paz (Mendoza) el 19 de febrero de 1881 y fallecido en Chilecito (la Rioja) el 31 de octubre de 1975.
Con el maestro Juan de Dios Filiberto dejó sus mejores páginas, dos de ellas inmortales, «El Pañuelito» y «Caminito», y también «La Cartita», «El Besito», «El Ramito», «La Vuelta de Rocha», «La Tacuarita», todas grabadas por Carlos Gardel.

De Grandis, José Pedro: poeta y violinista, nació en Buenos Aires (Boedo) el 27 de febrero de 1888 y allí falleció el 3 de diciembre de 1932.
Fue amigo entrañable de Carlos Gardel y precisamente una de sus primeras letras, el tango «Noche Fría», lleva música del dúo Gardel-Razzano.
Además del citado escribió «Recordándote» y «Viejo Curda» con música del guitarrista Guillermo Barbieri; «Mi Diosa», con música de Francisco De

Caro; «Amurado», con la de Maffia y Láurenz; «Cotorrita de la suerte», musicalizado por Alfredo de Franco; «La Casita está triste», con música de Luis Bernstein, y «Aquel muchacho triste», con música propia.

Discépolo, Enrique Santos: nació el 27 de marzo de 1901 en el barrio de Balvanera, y murió el 23 de diciembre de 1951.
Su compromiso con el peronismo, hecho público a través de su breve y fulminante participación en un discutido programa de radio, lo distanció de varios de sus viejos amigos.
Dos años después de su muerte, cuando las trincheras políticas ya no lo necesitaban pero varios de sus tangos seguían golpeando en la conciencia colectiva, Discépolo fue recordado por el escritor Nicolás Olivari en una nota memorable. Cuando aseguró que el autor de «Yira... yira...» había sido el perno del humorismo porteño, engrasado por la angustia. En cierto modo, aquella fue una definición discepoliana.

Expósito, Homero: poeta nacido en 1918 en Zárate y fallecido en 1987.
Uno de los más grandes poetas de la década del cuarenta, en los primeros tiempos sus letras chocaban con el estilo directo de los tangos de los años veinte. Fue cronista de la realidad suburbana y del centro de la ciudad, tenía una forma de observar la realidad que lo emparenta con Discepolo: en muchos versos abordó la tristeza, la pérdida del amor y la separación de los amantes. Sus obras más logradas las compuso junto con su hermano Virgilio. Entre sus mejores tangos podemos mencionar: «Naranjo en flor», «Percal», «Yuyo verde», «Margo», «Te llaman Malevo», entre otros.

Ferrer, Horacio: poeta nacido en Montevideo en 1933.
Durante veinte años de su carrera trabajó con Astor Piazolla y juntos grabaron «Te quiero, che», «Preludio para el año 3001», «Fábula para Gardel», «Balada para mi muerte» y la opera «María de Buenos Aires».
Se presentó en el teatro Colón con un homenaje a Carlos Gardel, acompañado musicalmente por Horacio Salgán. En 1990 fundó la Academia Nacional de Tango y fue su primer presidente. Recibió diferentes premios y realizó numerosas giras por el mundo. Es académico de la Academia Porteña del Lunfardo. Es autor de «Soy un circo», «Mi viejo Piazolla», «La guita», «Yo, Napoleón», «La loca de la plaza» y «Tu cuerpo».

Flores, Celedonio: poeta nacido en Buenos Aires el 3 de Agosto de 1896 y fallecido el 28 de julio de 1947, a la temprana edad de 51 años.
En 1914 se presentó en un concurso literario patrocinado por el diario *Última hora* en donde sacó el primer puesto con su obra «Por la pinta». Tiempo más tarde, ese tango fue escuchado por Carlos Gardel, quien en forma inmediata le propuso musicalizarlo con la colaboración de José Ricardo y cambiar el nombre a «Margot» ; el tango fue un éxito y lo lanzó a la fama de manera astronómica. Siguiendo la línea de «Margot», escribió «Mano a Mano», que fue su consagración como el poeta del momento.
Entre su magnífica lista de obras podemos destacar: «Audacia», «Atenti, pebeta», «Canchero», «El bulín de la calle Ayacucho», «Muchacho», «Viejo Smoking», «"Pa' lo que te va a durar» y «Corrientes y Esmeralda».

Fontaina, Roberto: músico, poeta e intérprete uruguayo. Nació el 3 de enero de 1933 y falleció el 15 de marzo de 1963. Integrante principal de la mítica *Troupe Estudiantil Ateniense*. Fue el cantor de sus temas y el principal parodista de esos tangos, que durante la década del 20 tuvieron mucha repercusión. Grabaron, en la casa Víctor y Odeón, piezas musicales en las que él fue la primera voz. Entre tantos temas, es autor de los tangos «Mi papito» y «Perdonala».

Fresedo, Emilio: violinista y compositor. Nació el 5 de marzo de 1893 y falleció el 10 de febrero de 1974. Comenzó a ejecutar el violín en el año 1912, en el terceto en que actuaba su hermano Osvaldo, en el Café Paulín. Finalmente, se dedicó a su labor de letrista, «Vida mía», «Sollozos», «Por qué», «Pobre chica», «No supe vivir», «Volverás» y «Aromas» son algunos de sus tangos más brillantes.

Froilán: poeta. Su nombre real era Froilán Francisco Gorrindo. Nació el 5 de octubre de 1908 y falleció el 2 de enero de 1963.
El primer tango de su autoría fue «Perdón de muerta», con música del guitarrista Pablo Rodríguez y grabado en 1931. En los siguientes años continuó escribiendo, pero sin mayores éxitos, hasta que en 1936 dio origen a lo que sería su tango más famoso: «Las Cuarenta», desde ahí en adelante siguió triunfando, acertando con la mayoría de los títulos. Entre su inmensa obra mencionaremos: «Gólgota», «Paciencia» y «Mala suerte», entre otros.

García Jiménez, Francisco: periodista, comediógrafo, guionista de películas y autor de varios volúmenes sobre el tango. Nació el 22 de septiembre de 1899 y falleció en 1983.
Su primera letra fue «Zorro gris», con música de Rafael Tuegols. Otras que contaron con su música fueron «Paraíso artificial», «Lo que fuiste» y «La gatita». De su frondosa lista de tangos mencionaremos sólo algunos: «El huérfano» (el primer éxito de la mano de Anselmo Aieta), «Despedida», «Príncipe», «La Mentirosa», «Lunes», «La enmascarada», «Pálida noche», «Mimosa», «Palabras de amor», «A la criolla», «Changüí», «La charlatana», «La última cita», «Barrio pobre», «Si la llegás a ver», «Cantando bajito», «Penitencia», «La chiflada», «Siga el corso», «Mariposita», «Suerte loca», «Bajo Belgrano», «Tus besos fueron míos», «Dónde estás corazón», «El pensamiento», «Palomita blanca», «Prisionero», «Farolito de papel», «Quejas», «Viva la patria» y «Filosofía barata».

Gardel, Carlos: ver «Compositores».

Le Pera, Alfredo: letrista, guionista cinematográfico y dramaturgo. Nació en San Pablo, Brasil. No se conoce la fecha exacta de su nacimiento, pero fue a principios del siglo XX. Falleció junto a Carlos Gardel, en el accidente aéreo de Medellín, el 24 de junio de 1935.
Fue critico teatral en los diarios «Ultima hora», «El telégrafo», y «El Mundo». Estaba radicado en París cuando la Paramount lo vinculó con Gardel y desde entonces formaron un dúo, aunque Le Pera no era un letrista profesional. A partir de «Espérame», en 1932, ha sido el autor de todas las películas que protagonizó Gardel, y también de los temas cantados en ellas. Le dio una mejor imagen internacional al Zorzal, borró de las letras el lenguaje popular utilizado en los tangos de la época, respetando la esencia del tango y quizás ese sea su gran logro. Escribió, entre otras, las letras de «Soledad», «Volver», «Volvió una noche», «Golondrinas», «Lejana tierra mía», «El día que me quieras», y «Mi Buenos Aires querido».

Lenzi, Carlos César: nació el 3 de noviembre de 1895 en Uruguay y falleció el 10 de junio de 1963.
Autor del famoso tango «A media luz», con música de Edgardo Donato. Este tema fue estrenado en Montevideo en el año 1924, cantado por la vedette Lucy Clory. Además, escribió piezas teatrales.

Manzi, Homero: poeta, periodista, guionista, dramaturgo y director cinematográfico. Su verdadero nombre es Homero Nicolás Manzione. Nació en la Provincia de Santiago del Estero en 1907 y falleció en 1951.
Transformó, como luego lo harían otros, las letras del tango en poesías y les agregó buen gusto porque influyeron en él los círculos literarios que frecuentaba. Uno de sus trabajos iniciales es «Viejo ciego», con música de Cátulo Castillo y Sebastián Piana, estrenado en 1926. Luego junto con Sebastián Piana, se dedicó a revalorizar la milonga, que estaba relegada. Escribió, ente otros, «El vals de los recuerdos», «Arrabal», «Sur» y «Barrio tango».

Marcó, Hector: intérprete, actor, compositor y director. Su nombre completo era Héctor Marcolongo. Nació el 13 de diciembre de 1906 y falleció el 30 de septiembre de 1987.
Comenzó a trabajar como actor en radioemisoras y en teatro. También tuvo su propia orquesta con la que se presentaba en el local «El Ancla», en Vicente López, pero debido a su temperamento no quiso continuar con la agrupación. Luego se dedicó a escribir, produciendo una gran cantidad de tangos. Mencionaremos sólo algunos de su amplio repertorio: «Bien Frappé», «Corazón», «En un beso la vida», «Porteño» «Cuatro vidas», «La capilla blanca», «Porteño y bailarín», «Nido gaucho», «Te quiero» y «Whisky».

Maroni, Enrique Pedro: nació en Bragado, provincia de Buenos Aires, el 17 de marzo de 1887, y falleció en la ciudad de Buenos Aires el 30 de diciembre de 1957.
Aunque era un hombre de teatro, alcanzó la popularidad gracias al tango y a la radio. La obra de Maroni comprende un centenar de composiciones, no todas de gran éxito, pero sí de igual valor. Algunas de ellas son: «Callecita de mi barrio», «Cicatrices», «La Salteñita», «Compañero», «Chola» y otras. Maroni se destacó en su trabajo como radiofonista, y fue uno de los primeros en leer las noticias de los diarios ante un micrófono, cosa que hacía con una voz hermosa y ejemplar.

Pelay, Ivo: escritor, sainetero y compositor. Nació en La Plata el 5 de mayo de 1893 y falleció el 28 de agosto de 1959.
Su producción teatral alcanza las doscientas piezas, siendo tal vez las más valiosas «Judío» (1926) y «Burro de carga» (1941). Sus tangos, de cuya parte

musical era siempre responsable Francisco Canaro, son, entre otros: «La muchachada del centro», «Adiós pampa mía», «Yo no sé por qué te quiero», «Casas viejas», «Dos corazones», «Corazón encadenado», «Paja brava», «Tranquilo viejo..., tranquilo», «Se dice de mí...», y muchos más.

Pettorossi, Horacio: ver «Compositores».

Podestá, Antonio Miguel: intérprete. Nació el 22 de septiembre de 1824 (con el nombre de Alejandro Washington Alé) y murió el 8 de octubre de 1949.
Miguel Caló lo incorporó a su orquesta en 1939. En 1942 integró las filas de Di Sarli. De allí pasó por las de Pedro Láurenz. Y en 1945 fue el vocalista de Francini-Pontier. Héctor Grané y Edgardo Donato también lo contaron en sus filas. En 1952 comenzó su labor como solista. Tuvo largas actuaciones radiales y su voz paseó por toda América. Su labor autoral comprende, entre otros, los tangos: «Dame tiempo», «El bazar de los juguetes» y «Casi caminando».

Rada, Ray: cantor. Nació el 21 de diciembre de 1912 y falleció en 1960.
Se inició profesionalmente con la orquesta de Francisco Canaro en el cabaré Chantecler. Fue también cantor de Osvaldo Fresedo, y después de 1930 perfeccionó la estética del vocalista con creaciones y éxitos unidos a su nombre como: «Sollozos», «Pampero», «Angustia», «Recuerdos de bohemia», «Ojos muertos», «Como aquella princesa» y «Vida mía». Formará la orquesta Rizzuti-Ray en 1939, y un quinteto con el pianista Luis Visca.

Razzano, José Francisco: ver «Compositores».

Romero, Manuel: periodista, letrista y director de cine. Nació en Buenos Aires el 21 de septiembre de 1891 y falleció el 3 de octubre de 1954.
Su carrera comenzó en el ambiente del periodismo; trabajó en las revistas, *Fray Mocho*, *Crítica*, *Última hora* y *La Montaña*. Como crítico teatral, empezó a meterse en el ambiente y, con el tiempo, pasó a ser sainetero. Su primera pieza escénica, «El gran Premio Nacional», la realiza en 1919; en ella José Muñiz interpretó a «Polvorín». Siempre trabajó con primeras figuras para sus obras: Ignacio Corsini («El bailarin de cabaret»); Carlos Morganti («En el fango de París»); José Muñíz («Los muchachos de antes no usaban gomina»); Agustín

Irusta («Tiempos viejos»), y muchos otros. Como letrista su obra es igualmente extensa, pero mencionaremos sólo algunas: «El taita del arrabal», «Patotero sentimental», «Buenos Aires», «Nubes de humo», «¡Pobre milonga!», «Tiempos viejos», «¡Haragán!», «Aquel tapado de armiño»; «Tomo y obligo», «La canción de Buenos Aires», «El vino triste».

Sanguinetti, Horacio: autor nacido el 19 de marzo de 1914 y fallecido el 19 de diciembre de 1957.
Sus letras alcanzaron gran repercusión: «Nada», «Discos de Gardel», «Alhucema», «Viento verde», «Moneda de cobre», «Princesa de fango», «Manos adoradas», y otras.

Soliño, Víctor: autor nacido de Galicia el 10 de septiembre de 1897 y fallecido en Montevideo el 13 de octubre de 1983. Poco tiempo después, su familia se radicó en Montevideo. Escribió numerosas revistas y libretos radiofónicos. Formó parte de la *Troupe Estudiantil Ateniense*. Escribió: «Adiós mi barrio», «Patoteros», «Niño bien», «Mocosita», «Perdonala», «Artículo de lujo», entre otras.

Soto, Mario: autor nacido el 20 de agosto de 1912. Fue el representante artístico de numerosas orquestas. Paralelamente, escribió éxitos como «Pasional», «Por pecadora», y otros.

Tagini, Armando José María: autor e intérprete. Falleció el 12 de julio de 1962.
Sus tangos han perdurado: «Misa de once», «Marioneta», «La gayola», «Perfume de mujer», «Mano cruel», «Buey manso», «Gloria», «La marcha nupcial», «Abrojos», y «Pobre huerfanita» son algunos de ellos.

Trongé, Eduardo Salvador: poeta, nació en Trenque Lauquen el 1° de junio de 1893 y falleció el 21 de mayo de 1946 en Buenos Aires.
Su primer éxito fue: «Su Majestad la Nodriza». Le siguieron otras obras como «Se cortó la redoblona», «Una carta brava», «El rincón de la alegría», escritas con Carlos P. Cabral; «Arbol que nace torcido», «Tonguita», «Seguí Pancho por la vía», «Musolino», escritas con Juan Fernández; «La Cueva de los Búhos», escrita con Atilio Cattáneo; «Chera una volta un Píccolo Navio», escrita con Octavio Sargenti; «Lo que cuenta el arrabal», escrita con Hermido

Braga; «La familia Laernechea», «Era un malevo buen mozo», «¿Te acordás, hermano?», «Asaltantes», «Un atorrante de ley», «Murió Rosendo Aguilera», «Las fieras de Palermo», «De tigre a tigre».

Vedani, César Felipe: nació en Buenos Aires el 23 de agosto de 1906 y allí falleció el 14 de abril de 1979.
Fue autor de temas como «Adiós muchachos», «Barra querida», «Mi castigo», «Al cerrar los ojos», y otros.

Villoldo, Angel Gregorio: cantor, compositor y guitarrista. Nació el 16 de Febrero de 1861 y falleció el 14 de octubre de 1919.
En su juventud ejerció diversos oficios como el de cuarteador, resero para los mataderos; tipógrafo en el diario *La Nación*, y *clown* en el circo Rafetto. En sus ratos libres tocaba en glorietas de su barrio y en cafetines de La Boca, Corrales, San Telmo y en las carpas de la Recoleta. En esos lugares empezó a adquirir renombre, por interpretar sus tangos con la guitarra y la armónica de manera simultánea. En1903 ya componía letras para tonadilleras, como Pepita Avellaneda, Linda Thelma, La Pamperita o La Viviana; fue allí cuando comenzó su fama como compositor. Su primer éxito fue «El Porteñito», y de ahí en adelante llegó el reconocimiento para quien sería bautizado luego como «El papá del tango criollo».

Zubiría Mansilla, José María Horacio: autor, nació en Buenos Aires el 29 de julio de 1894 y allí falleció el 26 de mayo de 1959.
En 1920 comenzó a escribir canciones que en un principio no tuvieron eco, y al mezclarse con el ambiente teatral, el maestro Manuel Jovés puso música a algunas de ellas que fueron cantadas en distintos escenarios porteños. «Cuentas claras», «Del viejo barrio porteño», «Clavel rojo», «Copetín», «En la huella», «Inglesita», «Mañanita risueña», «Viejo amor» y «Enfundá la mandolina» son sus tangos más conocidos.

Compositores

Aguilar, José María: guitarrista y compositor uruguayo. Nació el 7 de mayo de 1891 y falleció el 21 de diciembre de 1951. Acompañó a casi todos los grandes vocalistas de su tiempo: Agustín Magaldi, Ignacio Corsini y Carlos Gardel, con quién viajó a Europa. También fue cantor y en 1925 formó el dúo Aguilar-Fugazot.

Aieta, Anselmo Alfredo: bandoneonista, compositor y director. Nació el 5 de noviembre de 1896 y falleció el 25 de septiembre de 1964.
Su primer tango, «La primera sin tocar», lo compuso en 1912. Luego tuvo una impresionante producción, más de cien obras en todos los ritmos que hablan de su formidable talento creador.

Barbieri, Guillermo Desiderio: guitarrista, cantor y compositor. Nació el 25 de setiembre de 1894 y falleció el 24 de junio de 1935.
Compuso no sólo tangos sino todo tipo de música criolla. Permaneció junto al dúo Gardel-Razzano hasta que este se disolvió a fines de 1925. Luego siguió tocando en forma intermitente con el Zorzal, y falleció junto a él en la tragedia de Medellín.

Belvedere, Vicente: guitarrista y compositor. Falleció en 1946. Fue uno de los integrantes del Trío Gedeón, que durante los años 30 actuó en radios y locales de varieté con parodias y sketches desopilantes. Compuso «Barrio pobre», en 1926.

Blázquez, Eladia: pianista, guitarrista, compositora, autora y cantante, nacida el 24 de febrero de 1931.
Cuando tenía 8 años de edad empezó a trabajar en Radio Argentina. Tocaba el piano y la guitarra. Su versatilidad como compositora se hace evidente a través de su obra: compuso canciones folklóricas y boleros y, a partir de 1968, se dedicó en forma exclusiva al tango.

Caldara, Jorge: nació en Buenos Aires, el 17 de setiembre de 1922, y falleció el 23 de agosto de1967.
Su tango «Pasional» fue compuesto en 1951 con letra de Mario Soto. La

primer grabación la realizaron la orquesta de Osvaldo Pugliese y el cantante Alberto Morán para el sello Odeón, en noviembre de 1952.

Canaro, Francisco: violinista, director y compositor uruguayo. Nació el 26 de noviembre de 1888 y falleció el 14 de diciembre de 1964.
Entre sus tangos más destacados están: «Tiempos viejos», con letra de Manuel Romero (1926); «Madreselva», con letra de Luis César Amadori (1930) y «¿Dónde hay un mango?», con letra de Ivo Pelay (1933).

Canet, Jose: Ver «Autores».

Castaña, Cacho (Humberto Vicente Castagna): Músico porteño nacido el 11 de junio de 1942. Su vocación por la música se inició en la niñez, y a los 14 años ya era profesor de piano. Empezó como pianista en orquestas de tango, y en la segunda mitad de los 60 se presentó como cantante en programas "ómnibus" que presentaban nuevos valores. Después de 1970 llegaron sus grandes éxitos, el más notable «Café La Humedad».

Castillo, Cátulo: ver «Autores».

Castriota, Samuel: pianista, guitarrista, director y compositor. Nació el 2 de noviembre de 1885 y falleció el 8 de julio de 1932.
Su mayor éxito como compositor fue el tema llamado «Lita», al cual Pascual Contursi le agregó la letra y le cambió el nombre por «Mi noche triste». También fue autor de otros tangos como «La yerra», «El gorrión», «Mi noche alegre» y «Como quiera».

Cobián, Juan Carlos: pianista, compositor y director. Nació el 31 de mayo de 1896 y falleció el 10 de diciembre de 1953.
Algunos de sus tangos más exitosos son: «Biscuit», «Los dopados», «Los mareados», «La casita de mis viejos», «Gitana», «El cantor de Buenos Aires», «Shusheta», «Dolor milonguero», «Piropos», «Pico de oro», «Niebla del Riachuelo», «Hombre», «Rubí», «Mi refugio», «Salomé», «Nostalgias» y «Pedro Numa Córdoba».

Collazo, Juan Antonio: pianista y compositor. Nació en Montevideo el 6 de agosto de 1896 y allí falleció el 15 de diciembre de 1945.

Aficionado al órgano y al bajo, compuso tangos, máximas y alguna otra música, pero los que le dieron notoriedad fueron «Garufa» y «Niño Bien», dos tangos famosísimos que recorrieron el mundo.

Charlo (Carlos José Pérez): cantante, músico, pianista, actor y compositor. Nació el 7 de julio de 1905 y falleció el 30 de octubre de 1990.
Como compositor su obra es valiosa, como «Ave de paso» y «Rondando tu esquina», con Enrique Cadícamo; con Celedonio Flores, «Costurerita» y «Fueye»; La milonga «Oro y Plata» y el Vals «Tu pálida voz», con Homero Manzi; con José Maria Contursi, «Sin lagrimas»; y «Sin ella» y «Tortura», con Cátulo Castillo. Sobresalen temas como: «Rencor» de Adolfo R, Avilés, y especialmente «Las cuarenta», de Francisco Gorrindo, que muchos creen su mayor creación.

Dames, Jose: bandoneonista y compositor. Nació el 28 de octubre de 1907 y falleció el 7 de agosto de 1994.
Participó en las orquestas de Francisco Rotundo y Atilio Bruni. Como autor, compuso la música de varios éxitos de la década del cuarenta, como «Nada», con letra de Horacio Sanguinetti; «Fuimos», con versos de Homero Manzi; «Tú», con José María Contursi, y «Por unos ojos negros».

De Bassi, Antonio: músico, pianista, compositor y autor teatral. Nació en Buenos Aires en 1890 y falleció en el año 1950.
Muchas de sus composiciones hicieron historia, como «Mano blanca» con Homero Manzi, «Canchero», con Celedonio Flores; «El incendio» y «La catrera». En 1911 presentó «El Caburé», su tango más famoso, junto a Roberto Cayol.

Deambroggio, Juan Bautista: conocido como «Bachicha». Nació en 1890 y murió en 1963. Fue uno de los pioneros del tango en París. Compuso muchos tangos, aunque el más recordado es «Bandoneón arrabalero».

Delfino, Enrique Pedro: Pianista, director y compositor. Nació el 15 de noviembre de 1895 en la ciudad de Buenos Aires y falleció en 1967.
Su primer éxito fue "Milonguita", en 1920. Al año siguiente compuso «La copa del olvido» con la colaboración de Alberto Vacarezza, quizás el tango más famoso de esa década. También fue aclamado por «Mi Noche Triste», «Griseta», «Talán... Talán»,

«Araca corazón», «Aquel tapado de armiño», «Padrino Pelao». Fue quien descubrió y lanzó a la fama a Azucena Maizani, en 1924, con la interpretación de «Griseta».

Del Negro, Fidel: músico, pianista y compositor. Nació en Buenos Aires el 12 de agosto de 1899 y allí falleció el 25 de julio de 1980.
Inició su carrera junto a Humberto Canaro y José María Rizzuti. Más tarde ingresa en la orquesta del teatro «Smart» y en 1924 al «Apolo» en la de Antonio Scatasso, donde se estrena su tango «La Mina del Ford», que sería su pieza más popular.

Demare, Lucio: pianista, director y compositor. Nació el 9 de agosto de 1906 en el barrio del Abasto, y falleció en Buenos Aires el 6 de marzo de 1974.
Musicalizó numerosas películas argentinas, de gran significación para el cine criollo: «Su mejor alumno», «Pampa bárbara», «La guerra gaucha», etc. Entre la obra de Demare podemos nombrar: «Nunca tuvo novio», «Mañanitas de Montmartre», «Capricho de amor», «Mañana zarpa un barco», «Malena», «Tal vez será mi alcohol», «Sentimiento tanguero», «Cariño gaucho», «Mas allá de mi rencor», entre otros.

Discépolo, Enrique Santos: ver «Autores».

Donato, Edgardo: violinista, director y compositor. Nació el 14 de abril de 1897 y falleció el 15 de febrero de 1963.
Hacia 1919 formó parte de la orquesta de Carlos Warren, con quien tocó en la inauguración del Tabaris, y continuó allí hasta 1925. Al año siguiente, junto a Celedonio Flores, produjo los tangos «Corazoncito de oro» y «Beba y Muchacho». Pero su tango más famoso seria «A media luz», con letra de Carlos César Lenzi.

Expósito, Virgilio: pianista y compositor nacido en Zárate, provincia de Buenos Aires y fallecido el 25 de octubre de 1997, a los 73 años.
Es autor de cerca de un centenar de temas, algunos muy populares, la mayor parte de ellos con letra de su hermano Homero, como «No vendrás», «Rodando», «Naranjo en Flor», «Fangal», «Polos», «Farol», «Oro falso», «Siempre París», «La Loca», «Pobre piba», «Maquillaje», los valses «Absurdo», «Tu casa ya no está», y el bolero «Vete de mí».

Federico, Domingo: bandoneonista, compositor, director y arreglador. Nació en Buenos Aires en el año 1915. En 1944 formó su propia orquesta. Entre sus cantantes tuvo a Carlos Vidal, Oscar Larroca, Enzo Valentino, Armando Moreno y Mario Bustos. Es autor de algunos tangos notables como: «A bailar», «Tristezas de la calle Corrientes», «Percal», «Al compás del corazón», todos ellos con versos de Homero Expósito, y «Saludos».

Fernández Siro, Raúl: pianista y compositor. Algunas de sus obras más conocidas son: «La porteñita» (milonga) con letra de J. Cánepa, «Ninguna» con letra de Homero Manzi, y "Destino de trapo".

Filiberto, Juan de Dios: violinista, director y compositor. Nació el 8 de marzo de 1885, y falleció en Buenos Aires el 11 de noviembre de 1964. En la década del veinte se consagró con «Caminito». Entre su magníficas obras se encuentran: «La Porteñita», «Clavel del aire», «Langosta», «Malevaje», «Cuando llora la milonga», «Yo te bendigo», «La vuelta de Rocha», «Quejas de bandoneón».

Fresedo, Osvaldo: bandoneonista, director y compositor. Nació el 5 de Mayo de 1897 y falleció el 18 de noviembre de 1984. Compuso muchos tangos exquisitos como: «Cielito mío», «Sollozos», «Aromas», «El once», «Tango mío», «Pobre chica», «Pampero», «Vida Mía» , «Arrabalero», «Ronda de ases», «Tango Azul», «Oro y Seda», «Pimienta», «De academia», «El sexteto», «La ratona», entre muchos otros.

Gardel, Carlos: hay distintas versiones sobre el lugar de nacimiento de Carlos Gardel, algunos dicen que era uruguayo, otros que era francés. En 1925 Gardel se alejo de las canciones criollas y se hizo cantor de tangos, fue cuando comenzó a viajar, sus discos se consolidaron, creció su popularidad, y se afirmó como cantor. De muchos dúos formó parte el Zorzal Criollo, quizás el más productivo fue el que lo unió a Alfredo Le Pera. En 1935, en el aeropuerto de Medellín, el avión en el que viajaba a Cali chocó contra otro avión y terminó con la vida material de Gardel, el que vive aún transformado en leyenda.

Grela, Roberto: guitarrista, director y compositor. Nació el 28 de Junio del año 1913 y falleció en Buenos Aires en el año 1992
Debutó en 1930 acompañando a Roberto Maida y luego trabajó también con Charlo, Osvaldo Cordó y Jorge Casal, entre otras figuras. En 1953 Troilo lo

convocó para acompañar a su bandoneón en la representación del sainete de Cátulo Castillo «Patio de la Morocha». También se unió con Leopoldo Federico al Cuarteto San Telmo. Entre sus muchas grabaciones podemos destacar: «Nunca tuvo novio», «Mi refugio», «Sobre el pucho», «La cachila», «Taconeando», «Palomita blanca» (todas junto a Troilo); y «Romance de barrio», «Amigazo», «Amurado», «Tinta roja» (todos junto a Leopoldo Federico).

Guichandut, Juan José (Juan José Martín): pianista y compositor. Nació el 11 de noviembre de 1909 y falleció el 17 de octubre de 1979.
En 1927 escribió su primer tango, «Perfume de mujer», que obtuvo el segundo puesto en un concurso de tangos de los discos Nacional. Con el tiempo lo seguirían «Marionetas» y «Misa de once», los más famosos de una larga lista.

Jovés, Manuel: nació el 8 de marzo de 1886 en Manresa, España, y falleció el 27 de agosto de 1927 en Buenos Aires, Argentina.
Identificado con la música ciudadana, se dedicó a la composición de tangos. «Buenos Aires», «Nubes de humo», «Pobre percanta», «Patotero sentimental», «Loca», «Armenonville viejo», «El matrero», «La más tigresa», «El rabanito», «Uno más», son algunos de sus títulos.

Larrosa, Marcos: violinista y compositor perteneciente a la generación del veinticinco. Falleció en 1974. Escribió «Muñecas», «Escuchando tu voz», «Los cosos de al lao», «Añoranzas», «Nuevas esperanzas» y «No pudo ser», entre otros.

Láurenz, Pedro (Pedro Blanco Acosta): músico, bandoneonista, director y compositor. Nació el 10 de octubre de 1902 y falleció el 7 de julio de 1972.
A los 22 años ya era el segundo bandoneonista del sexteto de Julio De Caro.
El 14 de Julio de 1937 grabó para Víctor, donde registró sus composiciones «Milonga de mis amores» y «Enamorado». En 1943, pasó al sello Odeón, donde grabó hasta 1947. Volvió a acceder al disco en 1960, pero como integrante del Quinteto Real, en el bandoneón.

Le Pera, Alfredo: ver «Autores».

Lomuto, Francisco Juan: director y compositor. Nació en 1893 en la ciudad de Buenos Aires y falleció en 1950.

Debutó con el tango «El 606» que, aunque fue compuesto en 1906, recién fue editado en 1911. Le siguieron temas como «La rezongona», «La revoltosa», «Muñequita», «El chacotón» y su tango más conocido «Nunca más» de 1912, que fue grabado por Gardel, que antes había grabado «Muñequita» (con letra de Adolfo Herschel). Tuvo su propia orquesta, por la que pasaron vocalistas como Antonio Rodríguez Lesende, Charlo, Miguel Montero y Alberto Rivera. Escribió algunas letras para sus composiciones: «Churrasca», «Dímelo al oído» y «Cachadora».

Maciel, Enrique: cantor. Nació el 17 de Septiembre de 1920 y falleció el 26 de Febrero de 1975.
Inició su carrera artística en 1940, y seis años después se incorporó a la orquesta de Roberto Caló. En 1947 se vinculó a Alfredo Gobbi, con quien realizó sus primeras grabaciones fonográficas. En 1964 se unió a Osvaldo Pugliese, con quien permaneció hasta el año 1968. Entonces, colaboró con el Sexteto Tango.

Maffia, Pedro Mario: guitarrista, bandoneonista y compositor. Nació el 28 de agosto de 1900 y falleció el 16 de octubre de 1967.
Su tarea de compositor comenzó en 1920 con el tango «Pelele». Luego daría a conocer: «Triste», «Te perdono», «Caprichos locos», «Se muere de amor», «Abandono», «Amurado», «Arco iris», «A través de los años», «¡Bandoneón!», «Berretín», «Noches de reyes», «Organito de mi barrio», «Pura maña», «Sentencia», «Taconeando», «Tiny» y «Ventarrón», entre otros.

Manzi, Acho (Homero Luis Manzione): pianista y compositor, hijo de Homero Manzi. Nació en 1933 en el barrio de Boedo (Buenos Aires).
En 1948 compuso su primera obra, «El último organito», y más tarde «Saint Tropez», «Padre», «Ribera Norte», «Soledad de los Parques», «Muñeca», «Brigite de Olivos», «Buenos Aires bandoneón», «Moderna», «Techos bajos».

Marcó, Hector: ver «Autores».

Matos Rodríguez, Gerardo Hernán: pianista y compositor. Nació el 28 de marzo de 1897 en Montevideo, Uruguay y allí falleció el 24 de abril de 1948. Su nombre es sinónimo de «La Cumparsita», que compuso para el carnaval de 1916, siendo aún estudiante universitario. Después este éxito continuó escribiendo diversas obras, pero ninguna de igual magnitud. Entre su obra más conocida se encuentran: «Che, papusa, oí», «La muchacha del circo», y otras menores.

Merico, Salvador: compositor y músico. Nació el 24 de diciembre de 1886 y falleció el 15 de mayo de 1969. Aunque era de origen italiano, estaba radicado en Buenos Aires. Muchas de sus composiciones fueron incluidas por Gardel en su repertorio. Algunos de sus temas son «De todo te olvidas», «Por dónde andarás» y «Labios de fuego».

Mores, Mariano: pianista, compositor y director. Nació el 18 de febrero de 1918, Su verdadero nombre es Mariano Martínez.
Con Enrique Santos Discépolo compuso: «Uno», también «Sin palabras» y «Cafetín de Buenos Aires»; con José María Contursi: «En esta tarde gris», «Tu piel de jazmín», «Grisel», «Cada vez que me recuerdes», «Cristal»; con Enrique Cadícamo: «A quién le puede importar» y «Copas, amigos y besos»; con Cátulo Castillo: «La Calesita» y «El patio de la morocha»; con Homero Manzi: «Una lágrima tuya», y con Mario Battistella: «Cuartito azul», su primer tango estrenado en 1939.

Ortiz, Ángel Ciríaco: bandoneonista. Nació el 2 de agosto de 1908 y falleció en 1970. Excelente bandoneonista, reemplazó a Pedro Maffia en la orquesta de Roberto Firpo cuando éste enfermó. Secundó a Carlos Gardel en sus últimas grabaciones. En 1935 ingresó a radio El Mundo, en donde permaneció durante veinte años. También fue solista de la orquesta de Mariano Mores. Como compositor escribió los tangos: «Atenti pebeta», «Nena», «Sueños», «Corazón», «Lobo», «No me preguntés nada», «Entre copa y copa», «Puro guapo», y otros.

Pereyra, Eduardo Gregorio: pianista. Nació el 13 de octubre de 1900, en Rosario (Santa Fe) y falleció en Buenos Aires el 23 de febrero de 1973. Es autor de «El Africano» y «El farol de los gauchos», «Y reías como loca», «Madame Ivonne», «Gorriones», «Pan», «La uruguayita Lucía», «Nunca es tarde», «Viejo coche», «Pasan las horas», «Los cisnes», y otras obras.

Pettorossi, Horacio: guitarrista, director y compositor. Nació el 21 de octubre de 1896 y falleció el 25 de diciembre de 1960. Formó parte, entre otras, de las orquestas de Eduardo Bianco y Juan Deambrogio. En enero de 1933 ingresó al conjunto de guitarras de Carlos Gardel y lo acompaño hasta 1934. Es autor de «Galleguita», «Fea» —ambas con letra de Alfredo Le Pera—, «Esclavas blancas», «Silencio», «Lo han visto con otra», «Acquaforte», «Angustias», «Otoño», y el vals «Noches de Atenas».

Piana, Sebastián: pianista, director, compositor y docente. Nació en Buenos Aires el 26 de noviembre de 1903 y falleció el 17 de julio de 1994.
En 1926, conoció a Homero Manzi, con quién formó un equipo famoso: «Milonga sentimental», «Pena Mulata», «Ropa Blanca» y «Negra María». Piana fue también autor de temas como «Silbando», «Tinta Roja», «De barro», «El pescante» y «No aflojes».

Piazzolla, Ástor: bandoneonista, director, compositor y arreglador. Nació el 11 de marzo de 1924, y falleció el 4 de Julio de 1992
Entre sus principales composiciones podemos señalar: «Adiós Nonino», homenaje a su padre muerto; «Invierno porteño», «Buenos Aires hora cero», «Revolucionario», «Retrato de Alfredo Gobbi», «Kicho», «Sideral», «Lo que vendrá», «Fracanapa», «Decarísimo», «Calambre», «Nonino», «Tango del ángel», «Contrabajísimo», «Milonga Loca», «Pigmalión», «La misma pena», «Menefrega».

Pontier, Armando: bandoneonista, compositor y director de orquesta, nacido en Zárate (provincia de Buenos Aires), el 24 de agosto de 1917 y fallecido el 25 de diciembre de 1983. En 1945 formó su propia orquesta junto al violinista Enrique Mario Francini. Este grupo marcó rumbos renovadores y ha dejado grabaciones que forman parte de la historia, como «A los Amigos», «Arrabal», «Lo que Vendrá», «Para Lucirse». El binomio se separó en 1955 y Pontier formó su propia orquesta, y así otorgó mayor importancia al bandoneón conductor.

Pracánico, Francisco Nicolás: pianista. Nació el 16 de mayo de 1898 y falleció el 30 de noviembre de 1971. En 1927 fundó su propia orquesta con la que trabajó en el teatro Astral y grabó discos para el sello Electra. Acompañó a numerosos intérpretes durante su trayectoria. Compuso un centenar de piezas, logrando sucesos como: «Madre», «Si se salva el pibe», «Sombras», «Corrientes y Esmeralda», «Monte criollo», «Mentira», «Te odio», «Enfundá la mandolina», «Alhucena», y muchos títulos más.

Razzano, José Francisco: cantor y compositor. Nació en Montevideo en el año 1887 y falleció el 30 de abril de 1960.
Sus trabajos discográficos comienzan en la década del diez. Era reconocido en el ambiente tanguero por sus composiciones «Medallita de la suerte», «Café de los angelitos» (con letra de Cátulo Castillo), «Por qué canto así» (de Celedonio Flores) y «Camino del Tucumán». Apodado «El oriental de Balvanera», fue muy reconocido por haber sido parte del dúo, Razzano-Gardel, entre 1917 y 1925. Luego, en el año 1933 pasa a ser el representante personal de Gardel. Fue autor de canciones como «Entre colores», «A mi morocha», «La mariposa», «El moro», «Recuerdos», «Amargura», y otras.

Rossi, Rafael: bandoneonista. Nació el 30 de diciembre de 1896 y falleció en 1982. Intervino en distintas agrupaciones como las de Juan Maglio, Roberto Firpo y Francisco Canaro. Tiempo después, formó su propia orquesta, que se dedicaba al canto nativo por imposición de la casa grabadora. Algunas de sus obras son «Corazoncito», «Fiesta criolla», «Sos de Chiclana», «Ebrio», «Primero yo», «Cuando tallan los recuerdos», «La milonga», «Recordándote», «Rosa de abril!», y muchos otros. Gran parte de su obra fue grabada por Carlos Gardel.

Saborido, Enrique: bailarín, pianista y compositor. Nació en Montevideo en 1877 y falleció en Buenos Aires el 19 de Septiembre de 1941. Entre sus composiciones podemos mencionar: «La Morocha», «Felicia», «El Pochocho», «Mosca Muerta», «Berlina de novios», «¿Qué hacés de noche?».

Sanders, Julio César Alberto: pianista. Nació en 1897 y falleció el 10 de junio de 1942. Compositor del éxito «Adiós, muchachos». Tiene otros temas, menos recordados.

Scatasso, Antonio: bandoneonista y director. Falleció el 29 de julio de 1956. Compuso piezas para obras de teatro que se convirtieron en grandes éxitos. Algunos de ellos fueron «La mina del Ford», «El poncho del amor», «Ventanita de arrabal», «Ya no cantás, chingolo», «Pobre gringo», «Dejá el conventillo», «Se cortó la redoblona», «Caferata», «Muchachita loca», «Adiós para siempre», «La cabeza del italiano», «La he visto con otro» y «El olivo».

Servidio, José y Luis: los hermanos Servidio (José, nacido el 19 de marzo de 1900 y fallecido el 6 de junio de 1969; y Luis:) fueron, al igual que los Canaro, los Lomuto, los De Caro, los Polito, una verdadera institución dentro de la música popular porteña.
Aunque asimilaron alguna enseñanza de Genaro Espósito, Arturo Bernstein, Juan Maglio, y otros maestros del bandoneón, puede afirmarse que se formaron autodidactas.

Stampone, Atilio: pianista, director y arreglador, nacido el 1 de julio de 1926. Debutó en el año 1941 en la Orquesta de Roberto Dimas, al año siguiente se sumó a la orquesta de Pedro Maffia, acompañada a Roberto Rufino. En 1946 formó parte de la primera orquesta de Astor Piazzolla. «Vida mía», «Orgullo criollo», «Recuerdos de bohemia», «El Marne», «La casita de mis viejos», «Divina», «Romance de tango», «Taconeando», son algunas de sus versiones.

Stamponi, Héctor: pianista, director, compositor y arreglador. Nació el 24 de diciembre de 1916. Debutó en 1936 en la orquesta de Juan Elhert. Más tarde fue integrante de los conjuntos de Federico Scorticatti, Miguel Caló y Antonio Rodio. Es autor de: «Qué me van a hablar de amor», «Triste comedia», «El último café», «Pedacito de cielo», «Perdóname», «Bajo un cielo de estrellas», «Inquietud», «Azabache», «Pueblito de provincia», entre otros.

Troilo, Aníbal: bandoneonista, compositor y director. Nació el 11 de julio de 1914 y falleció el 18 de mayo de 1975.
Algunas de las principales composiciones de Pichuco como «Barrio de Tango», «Garúa», «Sur», «Che, bandoneón», «Discepolín», «Una canción», «La última curda», «Mi tango triste» dan muestras de una de las mas sutiles y soberbias orquestaciones que ha dado a luz el tango.

Villoldo, Ángel Gregorio: ver «Autores».

Visca, Nicolás Luis: nació en Buenos Aires el 19 de junio de 1903 y allí falleció el 22 de junio de 1968.
Su popularidad comenzó por 1926, cuando integró el rubro de la orquesta D'Arienzo-Visca-Mazzeo y luego la D'Arienzo-Visca. Después, fue pianista

de Anselmo Aieta y otras típicas, y viajó al Brasil como pianista de Antonio Arcieri.

En1927 compuso su primera música el tango «Mi Perdón», que grabó Ignacio Corsini; «Compadrón» y «Muñeca Brava», que son sus grandes éxitos. siguieron luego.

Glosario

Afanar: pop. Robar, hurtar o tomar de cualquier modo una cosa sin consentimiento y de modo ilegal. Derivado del término castellano «afanar», que significa 'trabajar', puesto que el robo es un trabajo en la jerga delictiva. Por aféresis, también se dice *fanar*, y en una forma vésrica, *anafar*.

Anclar (anclao): leng. gen. Detenerse, permanecer en algún lugar. // Acto que inicia una estadía un tanto prolongada en determinado sitio.

Arrabal: pop. Barrio tradicional donde se canta o se baila un tango.

Bacanazo: lunf. Aumentativo de bacán.

Bagayito: lunf. Equipaje pequeño, con pocas pertenencias.

Barra: pop. Grupo de personas. // Agrupación de gente unida por el interés, la amistad o el hábito. Originado en el americanismo *barra*: 'conjunto de personas que concurre a las sesiones de una asamblea'. *Barra brava*: pop. Pandilla. // Agrupación radicalizada de fanáticos del fútbol.

Barrilete: pop. Cometa que consta de una armazón liviana de varillas sobre la cual se pega una plancha de papel o tela. De uno de sus extremos pende un hilo larguísimo, enrollado en un carretel, y el juego consiste en remontar el barrilete por los aires, dejándolo volar sin que se caiga.

Bataclana: leng. gen. Actriz de teatro que canta y baila con el objetivo final de mostrar su cuerpo. Proviene del nombre de un teatro de varieté de París, llamado *Ba-Ta-Clan*, donde una de las atracciones eran las féminas que allí se presentaban.

Bergantín: pop. Buque pequeño de dos palos y una vela. Proviene del francés, *brigantin*, denominación para el mismo tipo de embarcación.

Berretín: pop. Pasión por una cosa, persona o actividad, sin fundamento y que ya resulta obsesiva. // Berreta. // Objeto falsificado. // Sitio donde se guarda una cosa. Mientras que la primera acepción se funda en el término genovés, *berettino*: 'gorrito' —por extensión de significado, algo que se pone en la cabeza—, la segunda y tercera resultan de un cruce entre la acepción formal y popular de fantasía: 'ilusión' y 'joya de imitación'.

Boliche: pop. Bar pequeño donde se sirven bebidas alcohólicas. // Negocio pequeño, de cualquier ramo. Proveniente del germánico, *boliche*: 'casa de juego'. // Discoteca.

Botica: pop. Tienda o establecimiento comercial. Extensión de significado del castellano «botica»: 'comercio donde se elaboran y se venden medicamentos'.

Bulín: lunf. Departamento donde vive un hombre soltero. // Habitación o cuarto para dormir utilizado por las parejas en forma privada. Proveniente del italiano jergal, *bolín* o *bulín*, que significa 'cama'.

Cachar: lunf. Agarrar, tomar; proviene del vocablo andaluz «cazar»: 'asir'. // Engañar, gastar una broma o mentir. Originado en el portugués, *cachar*: 'engañar', 'provocar un chasco'. // Por extensión de significado, cachar en el sentido de asir algo también se utiliza como sinónimo de entender: «*¿Cachás lo que te digo o no?*».

Cachivache: pop. Objeto viejo o sin valor.

Cafishio: lunf. Rufián explotador de mujeres, cuyo rasgo distintivo es la elegancia y cuidado puesto en su apariencia (ver «Canfinflero»). Es una mezcla de *canfinflero* con una alusión irónica a la palabra genovesa, *stocchefisce*: 'pez palo'. La analogía del nombre de este animal con la condición fálica del rufián sería una razón importante para el enlace de *cafishio* con ese vocablo de dialecto. Un sinónimo de esta palabra es *cafiolo*, el resultado de la alteración de *cafishio* con el vocablo véneto *fiolo*: 'hombre joven', en el caso de que el rufián fuera casi un muchacho, o que quisiera parecerlo.

Cafetín: leng. gen. Bar o negocio donde se sirve café, y al cual concurren las personas de sectores populares o de bajos recursos. Es una forma despectiva de «café».

Cambalache: leng. del. Tienda donde se venden prendas, joyas y muebles de ocasión, así como también algunos objetos robados.

Cana: lunf. Cárcel. Proviene del vocablo véneto, *incaenar*: 'encadenar'. Por extensión de significado, *cana* también es utilizado para designar a la fuerza policial.

Canalla: pop. Individuo vil, sin escrúpulos ni moral.

Chabón: pop. Poco talentoso, tonto. // Con poca habilidad para hacer algo. // Más recientemente, se nombra con esta palabra a un sujeto cualquiera, sin hacer mención de sus defectos, pero originalmente se relacionaba con el término castellano «chambón», que poseía el significado de las primeras dos acepciones.

Chaira: pop. Herramienta utilizada para afilar.

Chamuyo: lunf. Conversación. // Intercambio de palabras que tiene lugar en un flirteo amoroso.

Chata: lunf. Vehículo de cuatro ruedas, tirado por caballos, que se utiliza para transportar mucho peso. // Embarcación pequeña. Del genovés, *ciatta*: 'barco de carga que tiene un fondo chato'.

Che: leng. gen. Expresión que reemplaza, coloquialmente, al pronombre tú: «*Che, ¿me das un cigarrillo?*».

Chicato: lunf. Miope. Relacionado con el término italiano, *accecato*: 'enceguecido'.

Chitrulo/a: lunf. Tonto, sin inteligencia. Proviene del vocablo italiano, *citrullo*, de igual definición.

Chorro: lunf. Ladrón. De esta denominación proviene *chorizo*.

Compadrito: leng. gen. Hombre joven que intenta imitar a los compadres; vive en la ciudad, es arrogante y suele buscar peleas con frecuencia.

Corso: pop. Desfile de carrozas realizado en la época de carnaval. Los integrantes de esta muestra bailan, cantan, y tienen atuendos muy vistosos. Proviene del italiano: *corso*, que significa 'carrera'. // *Corso a contramano, tener un*: pop. Pasar por una etapa de mala suerte y desatino. // Estar loco, medio alterado.

Curda: lunf. Embriaguez, ebriedad. Se origina en el castellano popular, «curda», que tiene igual significado.

Cusifai: pop. Individuo sin nombre. // Persona cualquiera. Es un cruce de coso con la interrogación *¿cosa fai?* («¿qué haces?», en italiano).

Deschave: lunf. Acción y efecto de deschavar o deschavarse. // Deschavar: lunf. Abrir algo que estaba cerrado, especialmente si se trata de una puerta. // Dejar en evidencia algo que no quería divulgarse. // Declarar o provocar una confesión por parte de otra persona. // Soplar, delatar. Derivado del vocablo genovés, *descciavâ*: 'abrir'.

Fanguyo: lunf. Enredo. // Traición. Relacionado con el términmo castellano «frangollo»: 'desorden'. // Fanguyos: lunf. En plural, significa zapatos y se origina en la palabra italiana *fangose*, del igual significado. También puede encontrarse como *fangos*, *fangushes* y *fanyugos*.

Fantoche: pop. Persona demasiado informal, casi ridícula. // Extravagante, de mal gusto. Proviene de la palabra castellana «fantoche»: 'muñeco'.

Farra: leng. gen. Fiesta de grandes dimensiones. // Diversión. Puede aplicarse tanto a hacer o participar de una farra en tanto reunión o acontecimiento, como también a la ocasión de burlarse de una persona, y así *hacerse la farra* con ella.

Fulana: pop. Mujer de la cual se habla sin mencionar su nombre.

Fulero/a: pop. Se dice de lo que es malo, que no tiene la bondad o calidad que debería poseer de acuerdo con su condición. // Falsificado. // Feo. // Pobre. Oiginado en el término castellano «fulero»: 'poco útil'.

Garufa: pop. Sujeto muy divertido y amante de las juergas. // Farra, fiesta.

Gavión: pop. Seductor, donjuán. // Hombre que conquista a las mujeres y luego las engaña. Originado en el portugués, *gravião*: 'gavilán'.

Gil(es): lunf. Tonto. Originado en el término castellano «gilí», del mismo significado, que a su vez se relaciona con el caló, *jil*: 'inocentón'. También puede encontrarse como *gilón, gilún, gilastro, gilastrón, gilastrún, giliberto, gilimursi* y *gilurdo*.

Gotán: lunf. La palabra *tango* al vesre.

Grela: lunf. Mujer. // Suciedad.

Guita: pop. Dinero, en sentido de cantidad: mucho, poco, etc. // Moneda, que permite el conteo preciso: *cuarenta guitas*. También puede encontrarse como *guitarra*.

Laburo: lunf. Trabajo. // Robo. // Engaño que se realiza a alguien mediante halagos y promesas. // Realización de una cosa.

Malevaje: pop. Grupo o cofradía de malevos. // Malevo: pop. Individuo de cierta malignidad. // Malhechor. // Buscador de pleitos. // Matón, patotero. Originado en el términi castellano «malévolo»: sujeto con tendencia a provocar el mal.

Mandolina: pop. Diminutivo femenino de *mandoleón*, deformación lingüística de «bandoneón»: 'instrumento musical que tiene un papel protagónico en la ejecución de las músicas de tango'.

Mangar (*mangué*): lunf. Pedir con astucia, especialmente si se trata de dinero. Derivado del vocablo caló *mangar*, de igual significado. También puede encontrarse como *manguear*.

Manyar (*manyés*): lunf. Comer. // Entender, comprender. // Reconocer. // Adivinar las intenciones o verdaderos propósitos ajenos. // Quedarse con la vista fija en algún punto. La primera acepción —la más difundida— deriva del italiano, *manyare*: 'comer'. El resto de las definiciones provienen de *manyare la foglia*: 'comprender la cosa'.

Maula: leng. gen. Persona cobarde. Derivado del término castellano «maula»: 'hombre de desconfiar'.

Melena: leng. gen. Cabellera larga, que por lo menos llega hasta los hombros.

Metejón: pop. Estado de intenso enamoramiento. // Gran entusiasmo. // Demostraciones y sensación de alegría producidas por la admiración. // Endeudamiento, en especial si se ha contraído por apuestas de juego.

Milonga: leng. gen. Payada popular, realizada por recitadores que, al son de los acordes de su guitarra, recitan versos rimados sobre la vida, la situación social y otros temas pasibles de reflexión. // Sitio donde se efectúa la payada. // Baile que se disfruta en el marco de esta payada. // Fiesta donde concurren varias personas, y en la que se organiza un baile. // Lío, enredo, confusión. / / Largo monólogo con el fin de convencer o explicar algo, justo cuando este fin resulta innecesario. // Cierta melodía de tango. Originado en el afronegrismo *milonga*: 'palabras'.

Mina: lunf. Mujer, en términos generales. Más específicamente, se refiere a la querida o amante de un hombre. Originado en el término italiano *mina*, que tiene el mismo significado. // *Mina de tango*: lunf. Prostituta. // *Mina sin shacar*: lunf. Mujer virgen.

Minusa: lunf. Acepción afectiva de *mina*.

Mishiadura: lunf. Carencia extrema, estado de suma necesidad económica. // Defecto o condición negativa que se posee en forma innata.

Morfar: lunf. Comer. // Abusar sexualmente. // Sufrir, soportar. // Matar. Proviene del italiano. *morfa*: 'boca'.

Morlaco: pop. Peso monetario, dinero en general.

Morocha: pop. Mujer de cabello negro y tez blanca o mate, considerada ícono de la belleza tanguera y símbolo de fuerza y temple femeninos.

Otario: leng. del. Sujeto inocente, sin astucia, que es elegido víctima de estafa por los delincuentes que se preparan para la acción. // Falto de inteligencia. // Individuo honrado, pero sin conocimientos y, en consecuencia, que puede ser fácil de engañar. Derivado de las otarias, cierta clase de focas que simbolizan a los tontos.

Papusa: pop. Aumentativo de papa.

Pebeta: pop. Muchacha.

Pelado: pop. Sujeto total o parcialmente calvo, pero que tiene la parte superior de su cabeza sin cabello.

Percanta: pop. Mujer amante, con la cual se mantienen relaciones sexuales o un vínculo de concubinato. Relacionado con el percal, género textil con el que se cosía la ropa interior femenina.

Pibe: lunf. Niño. Deriva del término italiano *pivetto*, de igual significado. Se puede utilizar con jóvenes de cualquier edad, no exclusivamente para los infantes.

Piba: lunf. Novia.

Pinta: pop. Buena apariencia personal. // Elegancia, paquetería en la vestimenta. Asociado al término castellano «pinta»: 'aspecto exterior a través del que se evaluaba si algo era de mala o buena calidad'. // *Pinta, hacer*: pop. Demostrar elegancia, vanidad.

Piola: pop. Sujeto astuto, ingenioso o que tiene una actitud relajada y cómoda ante cierta situación. Se relaciona con el significado de «limpio» en la jerga delictiva, que alude al delincuente que no ha tenido encontronazos con la policía. La forma vésrica de limpio es *piolín*: piola delgada, y se relaciona con la acepción que veremos a continuación porque, de la misma manera que sucede con la palabra *pija*, sirve tanto para designar a un hombre inteligente como a su miembro viril. // Pene. Esta última acepción se origina en la definición formal de *piola*: 'cabo delgado', 'hilo'.

Piyar: lunf. Agarrar. Originado en el genovés, *piggiâ*: 'tomar algo para sí'. // Emborracharse. Se asocia con la frase en genovés *piggiâ ûnn-a ciucca*, de igual significado.

Plata: pop. Dinero.

Purrete: pop. Niño o casi adolescente.

Riachuelo: pop. Río pequeño de la provincia de Buenos Aires que separa el Conurbano de la Capital. A sus orillas, se instalaron numerosas fábricas que constituyeron uno de los más importantes núcleos industriales del país, pero sus desechos químicos fueron vertidos a las aguas del Riachuelo sin ningún tipo de tratamiento —ni de control por parte de las autoridades gubernamentales que debían ejercer control sobre este aspecto ambiental—. Para la segunda mitad del siglo XX, su grado de contaminación ya era altísimo.

Shusheta: lunf. Persona que cuida con mucho esmero su apariencia, especialmente si es un hombre. // Presumido y preocupado por verse elegante y siempre bien vestido. // Sujeto preocupado por estar siempre a la moda. Relacionado con el término genovés *sciuscetto*: 'fuelle'y, por extensión, 'soplón' y 'alcahuete'.

Timba: pop. Juego de azar en el cual se participa apostando dinero u objetos de valor. // Sitio donde se desarrollan dichos juegos. Procede del término castellano «timba», de igual significado.

Vachaché: pop. Expresión festiva que imita el habla de los niños y significa '¿qué vas a hacer?'.

Vagoneta: pop. Vago, pero tiene una intención afectiva.

Yirar: lunf. Vagar por la calle sin rumbo fijo. Deriva de la palabra italiana *girare*: 'caminar recorriendo cierta zona'.

Yuyo: pop. Hierba medicinal que se utiliza en infusiones y remedios caseros. Originado en el vocablo castellano «yuyo»: 'yerba silvestre'.

Manograf S.A.
Buenos Aires, Argentina, octubre de 2009.